耕读劳动系列教材

“互联网+”涉农高等职业院校劳动教育规范化教材

高等职业教育“十四五”规划教材

耕读劳动

——新时代耕读教育理论与劳动实践

孙　晓　李治明　李志杰　主编

中国农业大学出版社

· 北京 ·

内 容 简 介

本书作为一本为涉农高等职业院校学生打造的劳动教育教材，与以往过于注重理论阐述和知识传授而忽视实践性的教材不同，更加注重学生的感悟和实践，并具有可操作性。根据中共中央　国务院《关于全面加强新时代大中小学劳动教育的意见》，中共中央　国务院《关于全面推进乡村振兴加快农业农村现代化的意见》，教育部印发关于《加强和改进涉农高校耕读教育工作方案》等文件精神，结合我校开展劳动教育的实际情况，我们组织了从事劳动教育研究的专家和教师共同编写了本书。

本书结合了涉农高等职业院校学生年龄特征和专业特色，从实际出发，分别从农耕文明、传统文化、农业之路、乡村振兴、职业农民、劳模精神、志愿活动等方面内容进行了阐述，实现了理论内容的严谨性和形式结构新颖性的结合，可作为大学生新时代劳动教育的指导手册。

图书在版编目(CIP)数据

耕读劳动：新时代耕读教育理论与劳动实践／孙晓，李治明，李志杰主编. --北京：中国农业大学出版社，2023.8(2025.1 重印)

ISBN 978-7-5655-3013-5

Ⅰ.①耕…　Ⅱ.①孙…②李…③李…　Ⅲ.①劳动教育-高等职业教育-教材　Ⅳ.①G40-015

中国国家版本馆 CIP 数据核字(2023)第 120727 号

书　　名　耕读劳动——新时代耕读教育理论与劳动实践
Gengdu Laodong——Xinshidai Gengdu Jiaoyu Lilun yu Laodong Shijian

作　　者　孙　晓　李治明　李志杰　主编

策划编辑　康昊婷　李卫峰　　**责任编辑**　康昊婷　李卫峰
封面设计　中通世奥图文设计
出版发行　中国农业大学出版社
社　　址　北京市海淀区圆明园西路 2 号　　**邮政编码**　100193
电　　话　发行部 010-62733489,1190　　编辑部 010-62732617,2618
出版部 010-62733440　　读者服务部 010-62732336
网　　址　http://www.caupress.cn　　**E-mail**　cbsszs@cau.edu.cn
经　　销　新华书店
印　　刷　北京溢漾印刷有限公司
版　　次　2023 年 9 月第 1 版　　2025 年 1 月第 4 次印刷
规　　格　185 mm×260 mm　　16 开本　　8.75 印张　　220 千字
定　　价　39.00 元

编写人员

主　编　孙　晓　李治明　李志杰

副主编　周田田　生笑笑　陈凤梅　徐　静
杨　域　王　萍　安　芬　王朋立
张锦梅　王昊川

参　编　王振芳　李永苹　杨　杰　台　蕾
王凯新　顾甜甜　陈　涛　张庆莉
李　秀　严俊丽　夏庆祥　逄明亮
赵　萍　李雷雷　王艳玲　李新宇
刘鹏伟

前　言

务农重本，国之大纲。党的十八大以来，习近平总书记就“三农”工作作出一系列重要指示。党的二十大报告指出“加快建设农业强国，扎实推动乡村产业、人才、文化、生态、组织振兴”，明确提出了加快建设农业强国的任务，这是建设社会主义现代化强国的内在要求，也是乡村振兴的首要任务。

2020 年 3 月 20 日，中共中央 国务院印发《关于全面加强新时代大中小学劳动教育的意见》，对加强和改进大中小学生劳动教育及其课程建设提出了新的系统部署和要求，充分反映了党中央站在新时代培养社会主义建设者和接班人的政治高度对加强劳动教育的高度重视。2021 年 1 月 4 日，中共中央 国务院印发《关于全面推进乡村振兴加快农业农村现代化的意见》，明确指出“要坚持把解决好‘三农’问题作为全党工作重中之重，把全面推进乡村振兴作为实现中华民族伟大复兴的一项重大任务，举全党全社会之力加快农业农村现代化，让广大农民过上更加美好的生活”。2021 年 8 月 26 日，教育部印发《加强和改进涉农高校耕读教育工作方案》，强调“加强学生传统农业文化教育，将耕读教育相关课程作为涉农专业学生必修课，编写中华农耕文明等教材，强化有关中华农耕文明、乡土民俗文化、乡村治理等课程教学。加强农业特色通识教育课程体系建设，体现现代农业新技术新业态新变化，强化生态文明教育，培养学生‘大国三农’情怀。深度挖掘提炼专业知识体系中所蕴含的耕读教育元素，科学合理地融入课程教学中，积极引导学生把论文写在祖国大地上”。

本教材以上述文件为指导，遵循把握育人导向、遵循教育规律、体现时代特征、坚持因地制宜等耕读劳动教育原则，使学生正确理解劳动是人类发展和社会进步的根本力量，牢固树立劳动最光荣、劳动最崇高、劳动最伟大、劳动最美丽的“四最”思想观念；培养勤俭、奋斗、创新、奉献的劳动精神；具备结合学科、专业知识和相应技能，创造性地解决实际问题的能力；形成诚实守信、吃苦耐劳的品质；养成良好的劳动习惯和积极的劳动态度。引导学生树立正确的劳动观和价值观，培养具有“三农”情怀、创新精神、实践能力和坚定理想信念的一流人才。

本教材遵循理论联系实际的编写原则，结合涉农高等职业院校的学生年龄特征和专业特色，探索“劳动教育+耕读教育+乡村振兴”耕读劳动的理论和实践，以普及农耕文明发展史和劳动科学理论作为教育的主要内容，以“课堂导入”“耕读学堂”“耕读榜样”和“田野躬耕”等板块呈现各部分的内容，形成“一四六”耕读劳动体系总架构，即一个核心：勤耕重读；四个主题：走进劳动、走向田野、走近农业、走入心灵；六大板块：农耕主题、职业体验、考察探究、设计制作、素质拓展、生态农业。本教材深入浅出，语言简单明了，呈现方式灵活多样，案例分析生动透彻，策略方法的实践性和可操作性强，以期实现农耕文化以文化人、以文育人、以文励人的教育效果。

本书在编写过程中参考了大量劳动教育、乡村振兴、耕读教育的相关资料，在此向相关作者一并表示感谢。由于编者水平有限，书中难免存在不足之处，敬请广大读者批评指正。

编　者

2023 年 5 月

目　录

上篇　厚植根系大地『三农』情怀

下篇　勇担乡村振兴使命

上篇

厚植根系大地“三农”情怀

第一章　绪　论

以耕喻读　养身明道

中国自古以农立国，农业生产不仅哺育了中华民族的体魄，而且滋养着中华民族的灵魂。“耕”与“读”是中国人理想的生活方式，传达了一种家国情怀和价值追求。在实现巩固拓展脱贫攻坚成果同乡村振兴有效衔接的农村发展新格局下，对“耕读文化”的了解可以为农村思想文化建设和实现文化振兴奠定基础。

一、耕读文化梳析

耕读文化涵盖了中国古代先民最重视的两项活动：农事生产和读书修身。

目前可见最早的与农事活动有关的专业典籍是《夏小正》，说明早在先秦时期，记录农业生产活动和农事生产经验就已经被提上了重要的社会活动议程，并且这一传统一直被延续下来。商代龟甲卜辞也有关于农事占卜的记载，《国语·周语》《礼记·月令》等记载周天子每年都要亲率百官举行“籍田”之礼，此后历代王朝及其统治者都把农业生产视为“天下之本”。《史记·孝文本纪》上曰：“农，天下之本，其开籍田，朕亲率耕。”清雍正帝颁布圣谕令：“朕观四民之业，士之外，农为最贵，凡士工商贾，皆赖食于农，以故农为天下之本务而工贾皆其末也。”

古人安身立命的另一要紧事即读书荣身。读书的重要性历来都有许多精辟、独到的论述。孔子认为“不学诗，无以言。不学礼，无以立”；《荀子》将《劝学》作为开篇之作；唐代书法家颜真卿有《劝学诗》；宋真宗赵恒作《励学篇》等，不胜枚举。其他散见于历代诗词、文赋中的劝学诗句，如夜空繁星，数不胜数。读书在中国人思想中的地位一直未受撼动，它既可以是一种生活方式，也可以是实现自我价值的途径。

（一）“耕读文化”的含义

“耕读文化”从字面理解，即农事耕作与读书识字相结合的文化传统。耕读文化可分为耕读传统和耕读传家，前者是一个广义的概念，既可上升到国家层面，也可停留在家庭层面；后者是一个狭义的概念，特指家族或家庭，“耕”是为了满足衣食生存之需，“读”是为了进取之途，二者有机统一于人生追求之中，反映了中国人传统的耕读两不误、进退皆可为的生产和生活方式。

（二）“耕读文化”的形成发展

耕读文化产生的一个必要条件是农民除了生计活动以外有了闲暇时间。这得益于战国中期农业生产力的进步，一方面源于土地私有制确立；另一方面铁器、灌溉等技术促进了农业发展，农民不再完全被束缚于土地之上。同时，私学开始兴起，为耕读文化萌芽创造了条件。

耕读文化的最初形态是耕读传统，即作为一种生活方式，不附带明确的现实目标。《论语》中已有“接舆”“长沮”“桀溺”等早期耕读隐士的雏形。《孟子·滕文公上》记载战国时楚国的许行既是农学家又是思想家，一边讲学一边和学徒一起进行农业生产。到了汉、魏晋、南北朝时期，一些世代务农的平民通过读书而被举荐征辟为朝廷官员，如汉代朱买臣、晋代车胤等。在刘备三顾茅庐之前，诸葛亮也是耕读文化的践行者，有“躬耕于南阳”流传于世。

隋唐以后，人才选拔制度发生重要变化，科举制度确立并发展起来。这是一种相对公平的选拔方式，也为平民改变自身命运提供了途径。尤其是宋代以降科举“扩招”，耕读文化随之越发昌盛，成为以宗族为纽带的村落家族为光宗耀祖、向上流动而世代沿袭的传统。耕读传家至此定型并稳定下来。

耕读文化的繁盛以科举制度为基础，以“朝为田舍郎，暮登天子堂”为愿景，以限制士农以外从业者进入而兴盛发展起来。到了清末，新式学堂多设在城市，科举制度被废除，传统村落的书塾已无存在价值，乡村教育资源缺失，乡村文化人才向城市汇集。在此背景下，耕读文化失去了主客观优势，不可避免地走向颓败。值得注意的是，乡村文化的地位也随之衰落。教育资源失衡，人才单向外流，村落文化地位失落，逐渐使乡村和居住其中的农民以及乡村文化成为落后的象征。这种路径依赖一直延续到了当代，学者王先明说：“‘三农问题’，不仅是一个现实问题，从根本上也是一个历史的产物。”

二、耕读文化特点

中国古代一些知识分子以半耕半读为合理的生活方式，以“耕读传家”、耕读结合为价值取向，形成了一种“耕读文化”。崇尚耕读生活的知识分子主要有三类：

第一类是读过书的农庄主、较富裕的自耕农。他们经济条件较好，有读书受教育的机会，同时又参加农业劳动。清代的杨秀元早年在乡间执教，40 岁后归耕，主张耕读兼营，半耕半读。清代的杨双山，幼年读私塾，青年时开始读农业、医学等注重实用的书籍，认为“耕桑为治世首务”，他在关中试种棉花，提倡蚕桑；他建立的养素园，既是他耕作和农业试验场所，又是他读书、教书、著书的地方，他在养素园里以耕读生活方式度过了后半生。

第二类是隐士，有文化而不愿做官，或不能做官。他们“啸歌弃城市，归来事耕织”“悠哉自不竞，退耕东皋田”“借得茅斋岳麓西，拟将身世老锄犁”。他们的生活方式是“日入开我卷，日出把我锄”。宋代的陈旉长期隐居扬州西山，读书、耕作，自称“隐居全真子”。明代的王象，30 岁中举，40 岁中进士，三年后弃官从农。家有良田近百亩，除雇人耕种外，还亲自种植园圃，自称“明农隐士”。

第三类是政府官员，他们中不少人有耕读生活经历，做官后仍关心农业生产，有农业生产知识和实践经验，热心农业技术推广。北魏农学家贾思勰《齐民要术》的写作原则是“采捃经传，爰及歌谣，询之老成，验之行事”，说明他不是脱离实际的官员，他有农业生产的亲身的体验。元代的王祯在作县令期间，鼓励农耕，亲自传授植棉、嫁接技术，在农具方面的知识丰富。明代徐光启 19 岁中秀才后，一边教书，一边下田劳动；43 岁中进士后，在朝里做官，在为官的 29 年里，有 13 年是在进行农业试验与研究。清代的包世臣，自幼跟随父亲边劳动边读书，每天很早起床读书，早饭后下地劳动，晚上读书到深夜，30 岁中举，在官府当幕僚，坚持关心农业生产，亲自推广农业生产技术。

以上三类知识分子的共同特点是都有耕读的经历，但在价值取向上有区别：

1. 以耕读为荣，认为耕读结合是高尚的事情。杨秀元把自己的住宅命名为“半半山庄”，表明他把半耕半读作为世代相传的家风。

2. 认为耕读结合的生活是合理的。张履祥在《补农书》总论中专门论述了耕读的关系，他说“人言耕读不能相兼，非也”。他批评了两种人，一种人“无所事事，闲荡过日，及妄求非分，营营朝夕，看得读书是人事外事”；另一种人“为文字章句之家，穷年累月，不得休息，故以耕为俗末劳苦不可堪之事，患其分心”。这两种人都不可取，而耕读结合才是合理的。从时间安排上也无问题，“农功有时，多则半年，谚云农夫半年闲，况此半年之中，一月未尝无几日之暇，一日未尝无几刻之息，以是开卷诵习，讲求义理，不已多乎。窃谓心逸日休，诚莫过此”。

3. 耕读是治生的需要。“夫治生之道，不士则农”以农业作为治生之道有两种情况，一种是主动进行农业经营；另一种是为生活所迫，以农业为谋生手段。

4. 耕读是锻炼人的方式，如果只读书，不了解农业，不参加农业劳动，“治官则不了，营家则不办”。只有通过农业劳动来体味人生，才能当好家，做好官。

5. 以农业为休闲、陶冶性情、复归自然的手段。

关于耕读关系的认识可追溯到春秋战国时期，孔子把学稼学圃当作“小人”的事，说“君子谋道不谋食。耕也，馁在其中矣；学也，禄在其中矣”。与孔子同时期依杖荷莜的“丈人”

则讽刺孔子四体不勤，五谷不分。孟子主张劳心劳力分开，“劳心者治人，劳力者治于人”，被孟子批判的农家学派许行则主张“贤者与民并耕而食”。后世形成两种传统，一种标榜“书香门第”“万般皆下品，唯有读书高”，看不起农业劳动，看不起劳动人民；一种提倡“耕读传家”，以耕读为荣，敢于冲破儒家的传统。南北朝以后出现的家教类书籍多数都有耕读结合的劝导。颜之推在《颜氏家训》中提出“要当稼穑而食，桑麻以衣”。张履祥在《训子语》里说“读而废耕，饥寒交至；耕而废读，礼仪遂亡”。

中国的耕读文化孕育了众多的农学家，产生了大量的古农书。中国的古农书，其数量之多，水平之高是其他国家少有的。古代的农书大都出自经历过耕读生活的知识分子之手，他们熟悉古代典籍，有写作能力，又参加农业生产，有农业生产知识，具备写作农书的条件。崔寔少年熟读经史，青年时经营自己的田庄并根据自己的经验著有《四民月令》这部月令体农书。

陈旉隐居扬州，过着耕读生活，他自己“躬耕西山，心知其故”“确乎能其事，乃敢著其说以示人”，也是反映江南农业的重要农书。

张履祥在家既教书又务农，他“予学稼数年，咨访得失，颇知其端”“因以身所经历之处与老农所尝论列者，笔其概”，48 岁时写成了《补农书》。

历史上的战乱时期，反而出现较多的农书，因为在战乱时不少知识分子失去做官的机会或不愿做官，于是选择在乡间务农。其中有些人将自己的心得写出来，就成了农书。

明清时代，专业性地方农书开始大量出现，因为这时读书人比较多，一部分没有做官的知识分子成了经营地主，他们根据自己所处地域和经营内容，写出了专业性地方农书。中国的耕读文化对中国古代哲学的天地人相统一的宇宙观和知行统一的知识论的形成起了积极的作用。古代的学者常常从农耕实践中提炼哲学思想，《吕氏春秋·审时》：“夫稼，为之者人也，生之者地也，养之者天也。”《淮南子》：“上因天时，下尽地财，中用人力，是以群生遂长，五谷蕃殖。”贾思勰曾说“顺天时，量地利，则用力少而成功多。任情返道，劳而无获”。过耕读生活的知识分子有理论修养，有农业生产经验，有条件完成从农业到农学思想再到哲学思想的提升。张岱年先生在《中国农业文化》序言中说“中国古代哲学理论、价值观念、科学思维及艺术传统，大都受到农业文化的影响。例如中国古代有一个重要的理论观点‘天人合一’，肯定人与自然的统一关系，事实上这是农业生活的反映。古代哲学宣扬的‘参天地，赞化育’，‘先天而天弗违，后天而奉天时’，可以说是一种崇高的理论原则，事实上其根源与农业生产实践有关，也在农业生产活动中有所表现”。

耕读文化影响了文学艺术。知识分子通过耕读，接近生产实际，接近农民，写出了一定程度上反映农村生活、反映农民喜怒哀乐的作品。中国古代的田园诗就是耕读文化的产物。晋代的陶渊明是典型的田园诗人。他“既耕亦已种，时还读我书”，41 岁辞官后，过了

20多年的耕读生活。他根据自己的体验，写了《归去来辞》《归田园居》等诗篇。宋代的辛弃疾在闲居江西农村的20年中，把上饶带湖的新居取名“稼轩”，自号“稼轩居士”，意他日释位后归，必躬耕于是，故凭高作屋下临之，是为稼轩。田边立亭曰“植杖”，若将真秉来之为者。辛弃疾很重视农业，他说“人生在勤，当以力田为先”。通过耕读的体验，写出了不少反映农村生活的诗词。

宋代的范成大，晚年退居石湖，自号“石湖居士”，他自己可能没参加多少农业劳动，但生活在农村、农民中，他的《四时田园杂兴》(60首)，均富有乡土气息，一定程度上反映了农民的苦乐。

中国的耕读文化是中国文化的优良传统，它影响了中国农学、科学以及哲学，使知识分子思想接近人民，养成务实的作风。

三、耕读文化的时代价值

在新的历史时期和发展阶段，是否需要重新培育耕读文化，取决于耕读文化是否具有延展性，是否适应和有利于新时代中国农村甚至整个社会的发展要求。耕读文化的当代价值可以从以下几方面进行考量：

(一)有利于提升民众文化品格

文化品格是民族主流文化在起源、传承过程中不断积累形成的相对稳定的思维范式和价值追求，决定了民众的精神层次和民族文化的兴衰。我国优秀传统文化赋予了中华民族支撑其绵延赓续的“天人合一”“兼容并蓄”“勤学奋进”“知行合一”等醇厚的文化品格，而这些文化品格很多脱胎于“耕读文化”的精神内核。弘扬“耕读文化”，“习读”传统经典和一切人类优秀文明成果，“耕耘”理想与事业，通过健康良好的文化熏陶、躬身践行的实践体悟，润物无声地提高广大民众的文化品格。

(二)有利于振兴乡村思想文化

“十四五”时期，我国农村工作的重心是巩固拓展脱贫攻坚成果，全面推进乡村振兴战略。脱贫攻坚解决的是物质贫乏的问题，乡村振兴则是系统性、全方位的提升，其中很重要的组成部分就是乡村文化的振兴。所谓乡村振兴，是在充分尊重客观历史发展的条件下，发挥主观能动性，将中国乡村社会建设成历史上从未有过的兴盛状态。伴随着城市虹吸效应，农村人口大量外流，留下的多是老人、妇女和儿童，知识水平普遍不高，主要从事常规农事劳作和知识学习，而这又恰好是“耕读”的两项核心内容。弘扬耕读文化，就是要将二者重新黏合起来，使留守的老人、妇女除了农事、家务之外适当开展具有农村特色的文娱活动、知识讲习，提升文明程度，解决当下农村农民闲暇问题。同时，使以学习为主业的青少年学生在学习之余参与农事劳作，在劳动中体悟道理、哲理，培育青少年学生对乡村故土的感情。

（三）有利于保护优秀的传统乡土文化

乡土文化在近现代历史大潮中曾经被贴上消极负面的标签，这是对有着悠久历史的中国乡土文化极大的误解。乡土文化中许多优秀的内容亟须进行深入挖掘、抢救性保护、系统性研究和可持续的传承以及创新性发展，以重新激发乡土文化的生命力，使乡村成为具有文化灵魂的所在。乡土文化大致包含两大类：固态的物质文化遗产，如古村落、古民居、宗祠、学堂（书院）、农业生产遗迹等；活态的非物质文化遗产，如曲艺艺术、手工技艺、民族服饰等。无论是固态的还是活态的传统乡土文化资源，不可否认很多都是耕读文化的产物，例如宗祠，是耕读传家、家训家风的重要载体；再如信天游等民歌形式，是农民劳作、生活情感最生动的艺术外化形式，同时也具备很高的文化价值。继承、发展耕读文化必然要从固态、活态两方面保护传统乡土文化，这就为优秀的乡土文化在新的历史时期存续、发展、创新提供了现实的可能。

课后练习

1. 耕读文化涵盖了中国古代先民最重视的两项活动：（　　）和（　　）。

2. 历代王朝及其统治者都把（　　）视为“天下之本”。

3. “耕读文化”，可从字面理解，即（　　）与（　　）相结合的文化传统。

4. 中国古代一些知识分子以半耕半读为合理的生活方式，以“耕读传家”、耕读结合为价值取向，形成了一种（　　）。

5. 关于耕读关系的认识可追溯到（　　）。

6. 清代崔复根据自己的经验写成了（　　）这部月令体农书。

7. 中国古代的（　　）就是耕读文化的产物。

8. 中国的耕读文化对中国古代哲学的（　　）的宇宙观和（　　）的知识论的形成起了积极的作用。

9. 知识分子通过（　　），接近生产实际，接近农民，写出了一定程度上反映农村生活以及农民喜怒哀乐的作品。

10. 晋代的（　　）是典型的田园诗人。

第二章　走进农耕文化　品味农耕文明

学习目标

知识目标：了解我国农耕文明的产生、发展历程；理解辛勤劳动对中华农耕文明绵延发展的重要作用；掌握“五谷”与“六畜”的概念；熟悉二十四节气和我国传统节日的内容。

能力目标：通过对我国农耕文化的学习，增强对我国“以农立国”的认识，正确理解农耕文明是中华文明的根基。

素养目标：传承中华农耕文化；弘扬中华民族勤劳的传统美德；厚植知农爱农情怀。

【课堂导入】

中国是世界四大文明古国之一，同时，中国是一个农业古国，在农业发展历程中，我国劳动人民不仅创造了丰富的物质文明，滋养着生生不息的华夏儿女，而且创造了许多辉煌灿烂的精神文明，滋润着中华优秀传统文化。中华文化的根在农村，源在农民。中华农耕文明是中华优秀传统文化的母文化，是中华优秀传统文化的根基和源泉，而勤劳是创造中华农耕文化和农耕文明的基本力量和重要内核。在中华五千年的文明史中，黄河流域勤劳勇敢的先人创造了绚丽灿烂的历史文化。黄河流域自然条件与地理位置极佳，为人类繁衍生息与原始农耕提供了良好的条件。人们开垦黄土，挖洞穴居，猎取野兽，把战利品当作食物，用兽皮缝制衣裙蔽体御寒。劳动人民在农田耕作中，不断改进耕作的农具，使其结构完备、轻便省力，极大地提高了生产率，为后世沿用。在劳动人民的辛勤耕作下，黄河流域的农业得到了良好发展。同时，劳动人民在农田水利灌溉工程上进行了大胆的探索，发展了漕运事业。在中华民族五千年赓续延绵的悠久历史文化长河中，劳动人民用辛勤的双手创造了瑰丽的人类文明。丰富的文化艺术、先进的科学创造生动形象地诠释了劳动的意蕴。新时代，我们要继承辛勤劳动的传统美德，砥砺奋进，为中华民族精神谱系的书写再添华章。

思考：结合日常生活学习，谈一谈我们应该怎样传承农耕文明。

农耕文化是我国农业的宝贵财富，是中华文化的重要组成部分，不能丢，而且要不断发扬光大。

——摘自2013年12月习近平总书记在中央农村工作会议上的讲话

第一节 探索文化起源 追寻农耕文明

农业生产是创造财富、推进文明的主要途径。因此，农业劳动对人类社会的发展起着决定性的作用。中国是世界著名的文明古国，在漫长的历史长河中，我国古代劳动人民创造了伟大的农业文明，为人类的文明进步做出了较大的贡献，其中农耕文明是这个文明古国得以发展的重要基础。

一、农耕文化与农耕文明

“文化”二字的初始出现，现在难以考证，但是，历史学家通过研究，发现了文化的“影子”。成书于西周时期的《周易》中记载：“观乎天文，以察时变；观乎人文，以化成天下。”“天文”指天道，即自然规律；“人文”指人道，即社会生活中人与人的关系。“文化”指以人为本，与自然界的发展变化并行。古人认为，既要掌握日月星辰、春秋四时之变，又要精通诗书礼乐、圣贤教化，这是君子必备的人文修养。文化作为一种精神力量，能在人们认识世界和改造世界的过程中转化为物质力量，对社会发展产生深刻的影响。这种影响不仅表现在个人的成长历程中，而且表现在民族国家的历史进程中。人类社会发展的历史证明，一个民族只有物质和精神方面都富有，才能自尊、自信、自强地屹立于世界民族之林。

中华文化是中华民族在长期历史发展中的伟大创造，是整个民族智慧和创造力的结晶。数千年来，它不但在中国历史上大放光彩，惠及历代炎黄子孙，而且在汉代开辟“丝绸之路”以后，影响了西方世界的历史与文化。中华民族传统文化之源根植于农业。中国农耕文化不仅使中华文明得以延续数千年，而且使中国成为一个多民族的统一国家。农耕文化是指人们在长期农业生产中形成的一种风俗文化，是世界上最早的文化之一，也是对人类影响最大的文化之一。农耕文明是指人们在长期农业生产中形成的一种适应农业生产、生活需要的国家制度、礼俗制度、文化教育等的文化集合，主体包括：国家管理理念、人际交往理念以及语言、戏剧、民歌、风俗及各种祭祀活动等，是世界上存在最为广泛的文化集成。

二、农耕文明的产生与发展

我国农耕文明可以从新石器时代开始追溯。据考古发现，在河北省的武安磁山遗址发现了距今八千年前的碳化粟米粒，在浙江省浦江县上山遗址发现了一万年前的稻米遗存，可见我国的种植业在那个时候就已经开始了。此外，小麦在大概距今四千年的时候，由欧亚草原传入中国，名称前冠以“胡、海、番、洋”的农作物大体上都是从域外引入。先秦时期的农作物经历了一个由多到少的过程。开始是可吃而无毒的植物都进行种植，随着人们对作物认识的提高，逐渐淘汰了一些产量低、口感差的植物种类。这个时期种植的作物总的来说比较多，但是主要作物已集中在：黍、粟、菽、麦、稻，统称为“五谷”。

我国的畜牧业，始于旧石器时期原始人类的狩猎，后经人们对所捕猎野兽的驯化，到先秦时期已经出现了饲养家畜的牧场。从这时起，畜牧业作为一个新的行业步入历史舞台。在我国畜牧业长期发展的过程中，古人在实践的基础上，选育出马、牛、羊、猪、鸡、犬，称为“六畜”。伴随历史的发展演进，“五谷”逐渐不再是专指五种谷物，而被用来泛指全部的粮食作物；“六畜”也不再仅仅是六种牲畜的代名词，而是被用来泛指家畜。

五谷六畜

【耕读学堂】

农耕文明起源的传说

中国是世界三大农业发源地之一。中华民族在得天独厚、四季分明、土地肥沃、适宜动植物生长的东亚大陆上发展农业，特别是在黄河流域及长江流域，古人既可以渔猎以动物为食，又可以采集瓜果以植物充饥。后来由于人口增多，食物不足，神农氏尝遍百草，终于选择出可供人们食用的谷物及药物；接着又创制斧斤耒耜，教导人们种植谷物，促进了农耕文化的发展。

三、农耕文明的主要内容

（一）天人合一的自然观

中国传统农业之所以能实现几千年的可持续发展，是由于古人在生产实践中摆正了三大关系：即人与自然的关系，经济规律与生态规律的关系，以及发挥主观能动性和尊重自然规律的关系。

中国传统农业的指导思想是"三才"理论。"三才"最初出现在西周时代的《易经》，专指天、地、人三者之间的关系，有时也被称为天道、地道、人道的关系。"三才"理论是从农业生产经验中孕育而来的，后来逐渐形成一种理论框架，推广应用到政治、军事、经济、文化等各个领域。

在"三才"理论中，"人"既不是大自然（"天"与"地"）的奴隶，也不是大自然的主宰，而是"赞天地之化育"的参与者和调控者。中国古代农业理论主张人和自然不是对抗的关系，而是协调的关系。"三才"理论是中国传统农业的核心和灵魂，是中国传统农业可持续发展的全部思想和实践。都是从"三才"理论中派生出来的。

在"三才"思想所推崇的农业环境影响下，中国在公元前 4 世纪至公元前 3 世纪就有了保护农业资源的意识，并在政策措施上予以体现。《礼记·月令》中明确规定，春天禁止伐木和捕捉飞鸟、小兽。《吕氏春秋》说："竭泽而渔，岂不获得，而明年无鱼。"孟子也说："斧斤以时入山林，林木不可胜用也。"拂去尘封的历史，这些先知先觉的资源保护思想，在今天依然放射出夺目的光芒。

（二）用养结合的耕作观

土地是农作物和畜禽生长的载体，是主要的农业生产资料。庄稼生长是要消耗地力的；只有地力恢复或补充以后，才能继续种庄稼。如果地力不能获得补充和恢复，就会出现衰竭。在我国的战国时期就已经从休耕制过渡到连种制，比西方国家早了一千年。中国的土地在保持不断提高利用率和生产率的同时，几千年来地力基本上没有衰竭，不少土地还做到越种越肥，这不能不说是世界农业史上的一个奇迹。

中国古代人民通过用地和养地相结合的方法，采取了多种多样的手段来改良地力，培肥土壤。古代土壤科学包含了两种很有特色而相互联系的理论——土宜论和土脉论。土宜论指出了不同地区、不同地形和不同土壤都各有其适宜生长的植物或饲养的动物。土脉论则把土壤视为有血脉的、能变动的、与气候变化相呼应的机体。两者本质上都是一种土壤生态学。

中国传统农学中最光辉的思想之一，就是著名的宋代农学家陈旉提出的“地力常新壮”论。在理论上，人们认识到了土壤经过种植后，只有合理地加以施肥，才能时刻保证其持续高产的能力。人们又在实践过程中认识到，通过施肥与改良，可使原来瘦瘠的土地改造成良田，能够在高土地利用率和高土地生产率的条件下保持地力的长盛不衰，从而为农业的持续发展提供坚实的基础。

（三）变废为宝的循环观

在中国传统农业中，施肥是使农副业的废弃物变成有用资源，实现农业生态系统内部的物质循环。古代将肥料称为“粪”。在甲骨文中，“粪”字作双手执箕弃除废物的形象，《说文》解释其本义是“弃除”或“弃除物”。后来“粪”逐渐转变为施肥和肥料的专称。

战国以后，人们不断开辟肥料的来源。清代农学家杨屾的《知本提纲》提出“酿造粪壤”十法，即人粪、牲畜粪、草粪（天然绿肥）、火粪（包括草木灰、熏土、炕上、墙土等）、泥粪（河塘淤泥）、骨蛤灰粪、苗粪（人工绿肥）、渣粪（饼肥）、黑豆粪、皮毛粪等，差不多包括城乡生产和生活中所有废弃物以及大自然中部分能够用作肥料的物资。难能可贵的是，这些感性的经验已经上升为某种理性的认识，农学家们对利用废物作为肥料的应用和意义提出了精彩阐述。

（四）睦邻友好的社会观

100年前，美国前农业部土壤局局长富兰克林·金考察中国、日本、朝鲜等国后，撰写了《四千年的农民》，把中国传统农业称之为“持续农业”，是很有眼光的。中国著名学者费孝通对中国社会特点的认识深受《四千年的农民》的影响，他指出，“他是以土地为基础描写中国文化。他认为中国人像是整个生态平衡里的一环。这个循环就是人和‘土’的循环。人从土里出生，食物取之于土，泻物还之于土，一生结束，又回到土地。一代又一代，周而复始。靠着这个自然循环，人类在这块土地上生活了五千年。人成为这个循环的一部分。他们的土地不是和土地对立的农业，而是和谐的农业。在亚洲这块土地上长期以来生产了多少粮食，养育了多少人，谁也无法估计，而且这块土地将继续养育更多人，看不到终点。他称颂中国人是懂得生存于世的人”。

中国传统农业是一种“持续农业”，它之所以称为“持续农业”正是由于它符合生态规律，而中国人也因此成为大自然平衡中的一环。社会人类学家的费孝通的认识与农史学者的研究结论是吻合的。中国传统农学本质上是一种生态农学，它是我们的祖先留给中国和世界的一份珍贵的文化遗产。

(五)勤俭持家的生活观

春秋战国时期的一些思想家、政治家,把“强本节用”列为治国措施之一。《荀子·天论》说:“强本而节用,则天不能贫。”《管子》也谈到“强本节用”。《墨子》一方面强调农夫“耕稼树艺,多聚菽粟”,另一方面提倡“节用”,书中有专论“节用”的上、中、下三篇。“强本”就是努力生产,“节用”就是节制浪费。

强本思想强调的是勤劳。勤劳是中华民族的传统美德,是修身、齐家和治国的重要途径。在五千年的历史长河中,中华儿女自强不息、艰苦奋斗,用劳动创造生活、创造历史,造就了光辉灿烂的中华文明,为人类留下了宝贵丰厚的文化成果。今天,我们应该树立正确的劳动价值观,弘扬勤劳美德,创造美好生活。

《国风·豳风·七月》中描绘了周代早期的农业生产情况和农民的日常生活情况,反映了一年四季劳动人民多层次的工作面和高强度的劳动;李绅在《悯农》中,用短短四句诗就形象生动地描述了劳动人民在烈日当空的正午于田间辛勤劳动的情景,也表现了诗人对劳动人民的尊重和深切同情;白居易的《观刈麦》生动描绘了麦收时节劳动人民的农忙景象,表达了诗人对劳动的深切关怀;在《咏史》中,李商隐通过“历览前贤国与家,成由勤俭破由奢”道出了自己以辛勤劳动为荣、以好逸恶劳为耻的观点。透过诗歌,也反映了劳动与人们的生产生活紧密相关。这些都深刻反映了从古至今我国劳动人民对劳动的尊重和认同。几千年以来,这些共同的文化认知融合贯穿于中华民族的血脉中,最终形成了中国人民热爱劳动、崇尚劳动的精神和勤劳朴实的品质。

古代的节用思想对于今天仍然有警示和借鉴的作用。例如,“生之有时,而用之无度,则物力必屈”“天育物有时,地生财有限,而人之欲无极”“地力之生物有大数,人力之成物有大限,取之有度,用之有节,则常足;取之无度,用之无节,则常不足”等。

古人提倡“节用”,目的之一是积储备荒。同时也是告诫统治者,对物力的使用不能超越自然界和老百姓所能负荷的限度,否则就会出现难以为继的危机。与“节用”相联系的是“御欲”。自然界能够满足人类的需要,但是不能满足人类的贪欲。要实现可持续发展,就必须记住“节用御欲”的古训。

在漫长的传统农业经济社会里,我们的祖先用勤劳和智慧,种植五谷,饲养六畜,农桑并举,耕织结合,形成并不断发展完善了土地上精耕细作,生产上勤俭节约,经济上国富民足,文化上天地人和的中华农耕文明绵延至今。

第二节 传唱节气歌谣 振兴传统节日

中国是一个农业大国，古代劳动人民用他们的勤劳和智慧创造出了灿烂的农耕文明，而且发展出了农耕文明的韵律——二十四节气和传统节日。二十四节气和传统节日是中华民族劳动人民长期经验的积累成果和智慧的结晶。

一、二十四节气

2022 年 2 月 4 日北京时间晚 8 点整，世界瞩目的第 24 届冬季奥林匹克运动会开幕式如期在北京国家体育场“鸟巢”举行。本次开幕式给人们留下了深刻印象，开幕式灵活地将中华传统文化与现代科技相结合，“二十四节气”“黄河之水天上来”等创意令人震撼。其中，“二十四节气”作为与我们日常生活息息相关的生产、生活智慧，更需要我们去传承和弘扬。

二十四节气起源于黄河流域，是我国古代劳动人民在长期的生活实践中摸索出来的自然变化规律，用以指导农业生产。早在春秋时期，人们就能根据太阳位置的变化以及日影的长短将一年进行两等分，确定冬至和夏至的时间；到了战国时期，又做了进一步细化，分为立春、春分、立夏、夏至、立秋、秋分、立冬、冬至八个节气；在西汉淮南王刘安所著的《淮南子・天文训》中，便已精确到了二十四个节气。公元前 104 年，汉武帝下令编写《太初历》，将其收入历法，二十四节气成了农历的一部分（农历是我国古代传统历法之一，是一种“阴阳合历”），它兼顾了阴历的月相变化周期以及阳历的地球绕太阳公转的运动周期特点。2016 年 11 月，二十四节气——中国人通过观察太阳周年运动而形成的时间知识体系及其实践”列入人类非物质文化遗产代表作名录。

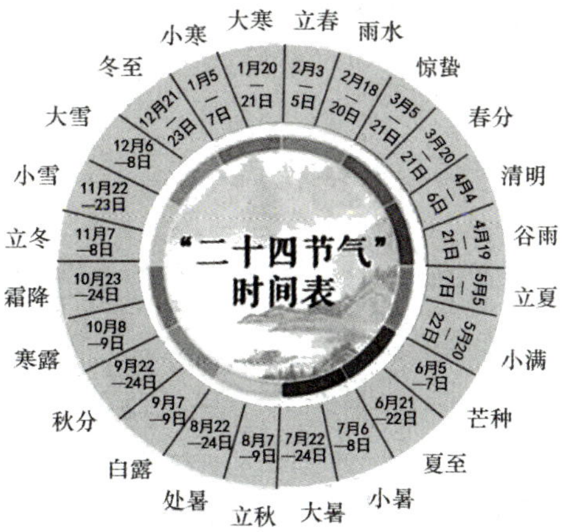

二十四节气时间表

【耕读学堂】

二十四节气歌

春雨惊春清谷天，夏满芒夏暑相连。
秋处露秋寒霜降，冬雪雪冬小大寒。
每月两节不变更，最多相差一两天。
上半年来六廿一，下半年是八廿三。

每当我们听到这首节气歌时，就能联想到上古农耕文明的产物——二十四节气。二十四节气基本可以对应一年十二个月，每月对应两个节气——前一个是节，后一个是气，简称为二十四节气。先秦时期，有一本古籍《逸周书》，在第五十二篇“时训”中，做了更加详细的划分：一年二十四节气七十二候，其中以五日为一候，三候为一气，六气为一时，四时为一岁。而每一候都有一个物候现象对应，叫作候应。比如，立春初候东风解冻，二候蛰虫始振，三候鱼陟负冰。大寒初候鸡乳，二候征鸟厉疾，三候水泽腹坚。一年七十二候，自然界中动物、植物以及非生物的循序变化，基本可以反映一年的气候变化情况。

二十四节气既是历代官府颁布的时间准绳，也是指导农业生产、日常生活中人们预知雨雪冷暖的指南针，是劳动人民长期经验的积累成果和智慧的结晶。传承二十四节气有着非常重要的意义：

（一）具有时间标记和时季转换的提示意义

二十四节气是一种计时方式，是中国人将一回归年划分为二十四节气并分别给予名称的时间制度。它和岁（年）、时、月、旬、日、时辰等一起构成了中国传统社会基本的时间单位。对二十四节气的标记和使用，意味着中国在与世界节奏保持一致的同时，又保留了自己的元素与特色。

（二）具有发挥指导农业生产的作用

古谚有云：“种田无定律全靠看节气，不懂二十四节气白把种子撒下地。”农业生产最讲究不误农时，对准确把握“播、耘、收、藏”的时机提出了要求。二十四节气的产生与农业生产密切相关，形成之后又成为农业生产的重要准则。如今伴随着城镇化的加快和气象学的进步，这种作用虽然大大降低，但我国作为农业大国，农业生产仍然是国民经济中最基本的物质生产部门，尤其是我国现阶段正在实行乡村振兴战略，这使得二十四节气在指导农业生产方面仍然可以大有可为。

(三)具有重要的文化认同价值

二十四节气是中华民族的原创文化,是古代民众在长期实践中不断求索、认知、总结的智慧结晶,它蕴含的中华文明的宇宙观和核心价值理念是中华文明区别于其他文明的重要特点,是文化认同的重要载体。

二、振兴中国传统节日

中国传统节日有很强的内聚力和广泛的包容性,这与我们中华民族源远流长的农耕文明一脉相承,是我们宝贵的精神文化遗产。中国传统节日是凝聚民族精神、维系国家统一、民族团结、社会和谐的精神纽带,在全面建成社会主义现代化强国、构建社会主义和谐社会的历史进程中发挥着重大作用。

(一)传统节日彰显爱国主义精神,具有弘扬爱国主义的功能

在传统节日中包含了大量的热爱故土、热爱民族、热爱国家的内容,闪烁着爱国主义的精神光芒。比如,端午节最初是人们驱邪避疫、祈求平安的节日,后来经过演化,把它与纪念伟大爱国诗人屈原联系起来,成为中国最重要的传统节日之一。屈原的爱国精神和忧国忧民情怀,在端午节各项活动中得到彰显。清明节据传是为了纪念春秋时期晋国大臣介子推而流传开的。中秋节、春节等节日无不包含着人们对故土、对家乡的眷念,是中华民族爱国主义精神的生动体现。

(二)传统节日具有增强民族凝聚力、维护国家统一的功能

在民族精神中,民族凝聚力具有重要的地位。民族凝聚力整合中华民族的价值观,激发人们强烈的向心力,构筑了中国人家国统一的群体意识。民族凝聚力承载着中华民族的文化血脉和思想精华,是维系国家统一、民族团结和社会和谐的重要精神纽带,是建设社会主义核心价值观的宝贵资源。

(三)传统节日具有激发人们勤劳勇敢、积极进取、奋发有为的功能

传统节日富含广大劳动人民辛勤劳动的成果。内涵丰富的礼俗、生动活泼的娱乐、美味可口的食品,荟萃了劳动人民的智慧和勇气,凝结了劳动人民的汗水和力量,如春节期间的“掸尘”习俗就反映了我国劳动人民勤劳整洁的良好习惯。“舞狮”活动则表达了广大劳动人民昂扬向上、威武雄壮的精神面貌。“中秋赏月”寄托着劳动人民对未来美好生活的向往与追求,反映了劳动人民乐观向上的生活态度。

第三节　回顾农耕时代　见证农具变迁

农业生产工具的进步是农业生产力发展的重要标志。在长时间的农业生产实践中，中国古代农民发明创造了为数众多的农业生产工具。按照农业历史发展的序列，以农业生产工具的材质为标准，可将农具的发展历程划分为骨器—木器—石器农具时代、青铜农具时代和铁农具时代。

在划分中国农业发展的历史阶段时，生产工具是重要的指标之一。农史学界将我国农业的发展划分为原始农业、传统农业、现代农业三个时期。原始农业的主要劳动工具为木石工具，依靠人力来完成农业生产。在奴隶社会时期，则以青铜农具为主要的农业劳动工具。铁质农具作为我国封建社会时期的主要农业生产工具对我国农耕文明产生了深远的影响。

类别	原始农业	传统农业	现代农业
内容	木石工具、人力增加土地与人力收入经验知识	铁器、畜力精耕细作 传统农学	农业机械 规模经济 现代农学
时期	春秋战国之前	春秋战国至晚清	晚清至今

一、原始农业时期的主要劳动工具

在原始农业阶段，最早的整地农具是耒耜，而在耒耜发明之前，斧与锛是重要的生产工具。石斧、石锛是远古时代最重要的生产工具，人们既可以用它们作为武器打击野兽，也可以用来砍伐森林、加工木材、制造木器和骨器。人们在从事火耕和耜耕农业，开垦荒地之时，需要用石斧、石锛来砍伐地面的树木，砍斫地里的树根。商周之后，由于农业的进步，人们已脱离刀耕火种的阶段，砍伐森林不再是农耕的重要任务。石斧、石锛在农耕作业中的地位虽然下降，但在手工业中却发挥了更大的作用。

耒和耜是两种最古老的挖土工具。耒、耜使用的年代较长，直至商周时期还是挖土的主要工具。在铁器出现之后，木耒、木耜也开始套上铁制的刃口，使其坚固耐用，工作效率倍增。

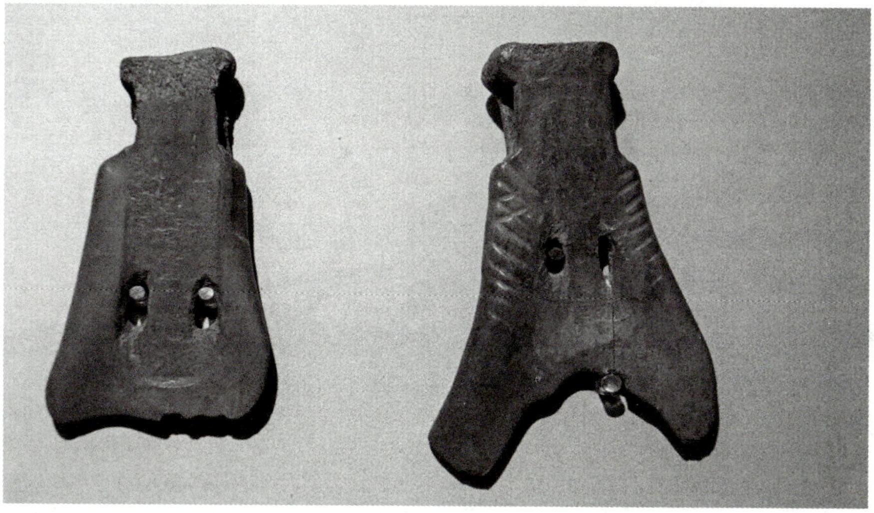

耒和耜

二、传统农业时期的主要劳动工具

（一）铁犁牛耕

在中国古代社会中，最能体现生产力发展水平的是“铁犁牛耕”。“铁犁”是一种铁质农具，“牛耕”是畜力运用于农业生产的典型代表。因此“铁犁牛耕”是古代农业生产的关键技术。

春秋战国时期，我国奠定了冶铁技术的基本走向，即以生铁冶铸为主的技术传统，也正是生铁冶铸技术的早期发明与广泛应用，造就了中华文明最初的辉煌。冶铁技术的进步，为铁制农具的出现提供了基本条件。战国时期铁犁的发明就是一个了不起的成就，它标志着人类社会发展的新时期，也标志着人类改造自然的斗争进入一个新的阶段。春秋战国时期，牛耕开始推广，铁犁铧也取代了青铜犁铧。

铁器农具的出现及牛耕技术的使用，极大地节省了人力成本，扩大了生产规模，促进了社会生产力的发展，进而推动了当时社会制度的变革，促使奴隶社会向封建社会的转变。可以说铁制农具与牛耕技术的使用，是人类社会进入文明时代的一个标志。经过几千年的发展和完善，铁制农具逐渐形成了种类繁多、制造简单、小巧灵活、使用方便的完整体系，适应了农业生产环境和农作物生产的要求。

但是，“铁犁牛耕”并不是从它产生之日起就获得普遍推广的，而是一个漫长的推广阶段。曲辕犁的出现，标志着“铁犁牛耕”普及推广过程的基本完成。

铁犁牛耕图

（二）曲辕犁

犁是早期人类耕地的农具，我国人民大约自商代起便开始使用耕牛拉犁，木身石铧。随着冶铁技术的广泛运用，唐代出现了曲辕犁，使我国农业发展进入了一个新的阶段。曲辕犁的设计思想来源于耒和耜。秦汉时期，犁已具备犁铧、犁壁、犁辕、犁梢、犁底、犁横等零部件，但多为直的长辕犁，回转不灵便，尤其不适合南方水田使用。到唐代时，直的犁辕改进为曲的犁辕，既调节了耕地的深浅，也省了不少力气，大大提高了耕作效率，被称为“曲辕犁”。因为曲辕犁在江东一带被广泛使用，因此又称为“江东犁”。唐代曲辕犁的主要功能是翻土、耕地，可以提高土地的利用率和农作物的产量。

曲辕犁

唐代曲辕犁在我国古代农具发展史上有着重要的意义，影响深远。它不仅在技术上处于领先地位，而且设计精巧。在设计上，曲辕犁经济实用。从美学上看，曲辕犁有着独特的造型、优美的线条和恰到好处的比例与尺度，符合审美需求。历经宋、元、明、清各代，曲辕犁的结构没有明显的变化。江东曲辕犁在华南推广以后，逐渐传播到东南亚各国。公元17世纪，荷兰人在印度尼西亚的爪哇等处看到当时移居印度尼西亚的我国农民使用这种犁，很快便将其引入荷兰，对欧洲近代犁的改进具有重要影响。唐代曲辕犁的发明，为我国传统农具史掀开了新的一页，它标志着我国耕犁的发展进入了成熟的阶段。此后，曲辕犁成为我国耕犁的主流犁型。

三、现代农具

明、清两代的农具发展比较缓慢，但某些农具仍有改进。如明末曾出现绳索牵引的代耕架，是将用于辘轳的绞关用于犁的牵引，可“坐而用力，往来自如”地进行垦耕。这期间中国北方出现了露锄，南方则出现了塍铲、虫梳和除虫滑车等，反映出传统农业精耕细作的程度越来越高。同时，由于钢铁冶铸技术的发展，在农具部件的创造改进方面也有较大进步。

新中国成立初期，新式畜力农具广为发展，如步犁、耘锄、播种机、收割机和水车等。20世纪50年代后期，中国开始建立拖拉机及其配套农机具制造工业。到了今天，各种机械机器层出不穷，农业快速发展，粮食产量和储备量都大大提高。历史见证了中国农业的发展。今天，我们既要学会创造，也要继承祖先们勤勤恳恳的工作精神，努力工作。

名人名言

一农之事必有一耜、一铫。一镰、一耨、一椎、一铚，然后成为农。

——《管子·轻重已》

第四节　兴修农田水利　助力农耕生产

“水利”一词出自《史记》。司马迁在这部著作中第一次阐释了水利的定义：通过坝堰、堤防、渠道等工程而产生的漕运、灌溉、防洪等诸多效益者是为“水利”。

名人名言

甚哉，水之为利害也。

——司马迁《史记·河渠书》

水利是农业的命脉,在传统农业社会中,农田水利的建设与农业开发密不可分。不同的历史时期,农田水利的表现形式也有所不同。以中国北方地区为例,在历史的早期,农田水利建设主要表现为排水造田,以农田沟洫系统的建设为实现途径;战国秦汉以来,农田水利建设则主要表现为引水灌溉,以郑国渠等渠系的建设为代表。

考古学发现,我国最早的农田水利设施,出现在距今七千多年前南方地区的稻作农业区——城头山遗址。

一、大禹治水与农田沟洫系统

距今约五千年从黄土高原走向黄河中下游平原的炎黄部族,在此定居并开始农耕,逐渐形成了自给自足的农业生产体系,成为中原"诸夏"与"蛮夷"中最大的一族。发生在距今四千年左右的大洪水和大禹治水终结了中华大地华夏与蛮夷部落的杂处共存,不同氏族及其文明逐渐走向融合,书写了华夏文明的第一页。大禹治水为中国其后的历史打上了文化的印记:治水是国家职能,不但塑造着中国的社会性和国家性,还塑造了中国特有的社会治理和国家治理。

大禹治水过程包括两个部分:一是疏通河道,二是"尽力乎沟洫"。这两个部分都与农业开发有着直接或间接的联系。疏通河道是"尽力乎沟洫"的前提。

农田沟洫的广泛建设是夏商周时期黄河中下游地区农业发展进程中的一个显著特点。沟洫系统在《周礼·考工记》中有详细记载:"匠人为沟洫,耜广五寸,二耜为耦一耦之伐,广尺深尺,谓之甽;田首倍之,广二尺,深二尺,谓之遂;九夫为井,井间广四尺、深四尺,谓之沟;方十里为成,成间广八尺、深八尺,谓之洫;方百里为同,同间广二寻、深二仞,谓之浍。"即以农田为起点,通过甽、遂、沟、洫、浍,由窄变宽、由浅至深、由上到下,逐渐将农田中的积水引入河流之中,从而形成一个极为完善的农田排水系统,以保障农业劳动的进行。农田沟洫是一个完善的田间排水系统,在早期历史,有着浓厚的农业开发色彩,人们将地面低洼处的积水排出,便可以整理出一块极好的农田种植粮食作物。

二、战国秦汉以来的农田灌溉

战国秦汉以来,伴随中国传统农业技术体系的逐渐确立,为适应精耕细作的农业生产要求,一种区别于农田沟洫系统、以排水为主要指向的水利设施,以渠系为主要构成的农田引水灌溉系统逐渐产生。郑国渠、都江堰、灵渠是秦时的三大水利工程。

(一)郑国渠

郑国渠,建于秦王政元年(前 246 年),其时韩国因惧秦,遂派水工郑国入秦,献策修渠,借此耗秦人力资财，削弱秦国军队。此举适得其反，促使秦国更加强大。《史记·河渠书》记载："渠成，注填淤之水，溉泽卤之地四万余顷（折今110万亩），收皆亩一钟（折今100公斤），于是关中为沃野，无凶年，秦以富强，卒并诸侯，因命曰'郑国渠'。"郑国渠首位于"瓠口"（今王桥镇上然村西北）。渠线沿王桥镇、桥底镇东进，过寨子沟后东北折，经扫宋乡公里、椿树吕村一线，于蒋路乡水磨村附近横绝冶峪河，至甘泽堡后东折，于龙泉乡铁李村入三原境。

郑国渠的作用不仅在于它发挥灌溉效益的100余年，而且还在于首开了引泾灌溉之先河，对后世引泾灌溉产生着深远的影响。秦以后，历代继续在这里完善其水利设施：先后历经汉代的白公渠、唐代的三白渠、宋代的丰利渠、元代的王御史渠、明代的广惠渠和通济渠、清代的龙洞渠等渠道。汉代民谣"田于何所？池阳谷口。郑国在前，白渠起后。举锸为云，决渠为雨。泾水一石，其泥数斗，且溉且粪，长我禾黍。衣食京师，亿万之口。"称颂的就是引泾工程。1929年陕西关中发生大旱，三年六料不收，饿殍遍野。引泾灌溉，急若燃眉。中国近代著名水利专家李仪祉先生临危受命，毅然决然地挑起在郑国渠遗址上修建泾惠渠的千秋重任。

（二）都江堰

都江堰位于四川省成都市都江堰市城西，坐落在成都平原西部的岷江上，始建于秦昭王末年（约公元前256年—前251年），是蜀郡太守李冰父子在前人鳖灵开凿的基础上组织修建的大型水利工程，由分水鱼嘴、飞沙堰、宝瓶口等部分组成，两千多年来一直发挥着防洪灌溉的作用，使成都平原成为水旱从人、沃野千里的"天府之国"，至今灌区已达40余县市、面积近千万亩，是全世界迄今为止，年代最久、唯一留存、仍在一直使用、以无坝引水为特征的宏大水利工程，凝聚着中国古代劳动人民勤劳、勇敢、智慧的结晶。

关于都江这一名称的来源，《蜀水考》说："府河，一名成都江，有二源，即郫江，流江也。"流江是检江的另一种称呼，成都平原上的府河即郫江，南河即检江，它们的上游，就是都江堰内江分流的柏条河和走马河。《括地志》说："都江即成都江。"从宋代开始，把整个都江堰水利系统的工程概括起来，叫都江堰，较为准确地代表了整个水利工程系统，一直沿用至今。

都江堰水利工程针对岷江与成都平原的悬江特点与矛盾，充分发挥水体自调、避高就下、弯道环流特性，"乘势利导、因时制宜"，正确处理悬江岷江与成都平原的矛盾，使其统一在一个大工程体系中，变水害为水利。两千多年前，都江堰取得这样伟大的科学成就，世界绝无仅有，时至今日仍是世界水利工程的经典作品。

都江堰

(三)灵渠

"灵渠"又称"零渠"。《太平御览》卷六五引《临桂图经》采用了"零渠"名号。"灵渠"又被称作"秦凿渠"。思考"灵渠"定名缘由,或许应当重视"自零陵凿渠"的说法。

灵渠是我国保存最为完整的古代水利工程之一。秦始皇时期非常重视南海方向的经营。《淮南子·人间》记载,"又以卒凿渠而通粮道,以与越人战"。所谓"以卒凿渠而通粮道",即指灵渠工程的开通。《水经注》卷三八《漓水》说,湘水、漓水之间,陆上的间隔,分水岭,称作"始安峤",宽度只有"百余步"。秦人正是巧妙地利用了"漓水与湘水,出一山而分源",其"分流"处距离仅"百余步"的地理形势,"以卒凿渠",沟通"湘、漓之间",形成了畅通的"粮道",为远征军成功运送军需物资。

灵渠工程沟通湘江水道和漓江水道,成为连贯湘桂的人工运河。在最合理的地方,以最便捷的方式,用最经济的成本,连接长江和珠江南北两大水系,实现了通航条件的完备。灵渠巧妙解决了很多的技术难题。为保持整体水流大方向的一致,使用堰坝抬高水位,这一方面解决了河道的流向问题,但另一方面也可能因高差巨大造成水流过快而影响航行安全。弯道代闸作为中国古代运河工程中的杰出创造,在灵渠的航道设计上得到了充分的体现。灵渠利用弯道延长渠道长度,有效地平缓坡降,解决了因高差变化而带来的航行安全问题。如今这段弯弯的灵渠已成为美丽的风景。

【耕读学堂】

西门豹与引漳十二渠

引漳十二渠是战国初期建于魏国邺地的一项水利工程，也是我国明确见于记载的最早的大型渠系引水灌溉工程，由当时邺令西门豹主持修建。漳水发源于太行山东麓，流经邺地自西向东贯穿其境。由于地形和降水的特点，漳水具有暴涨暴落的水文特征：久旱不雨，则河水浅涸，无法灌溉；大雨滂沱，则河水猛涨，泛滥成灾，严重地制约了邺地的农业生产。建渠之始，百姓以为烦苦，不愿修筑。西门豹说：“民可以乐成，不可与虑始。今父老子弟虽患苦我，然百岁后期令父老子孙思我言。”漳水渠引水的渠首工程在今丰乐镇以西至上七垣之间的河段上。这里河岸土质坚硬，河床稳定。引水口设在这里，一方面使得工程稳定，另一方面由于居高临下，便于引流。由于河床较陡，引水渠采取“同流异口”的方式，即在12个渠口上同时引用漳河水灌溉。多渠口引水既易于施工和日常的维护，还可以满足用于灌溉的需求，轮流疏浚开展清淤工作。由于当时修建了12个渠口，后人便将此工程称为“引漳十二渠”。引漳十二渠的修建，给邺地农业生产带来很大的变化。邺地原本的农业生产条件较差，土地贫瘠，特别是漳水下游的低洼地区，由于长期河水泛滥，形成了大片的盐碱地。当时的史籍记载，邺地的亩产量只及魏国其他地区亩产量的一半。引漳十二渠建成后，使得邺地“成为膏腴”“亩收一钟”，产量大幅度提高。司马迁也曾总结说邺地：“至今皆得水利，民人以给富足。”

战国秦汉时期大规模农田水利灌溉工程兴起，是适应各国变法、争霸、追求国家强盛的形势而出现的。至此，中国历代当政者都把重农和治水看作发展农业、保障民生、稳定统治的国家行为。后世随着传统农业的地域性拓展，相应的农田水利事业也随之兴起，成为判定基本经济区的形成、发展与转移的重要标志之一。

第五节　学习农业技术　汲取古人智慧

一、传统农业技术

我国农作物栽培起源于新石器时期，当时人们靠狩猎和采集野生植物为生。有些采集到的种子散落在住所附近，不经意间发芽、开花、结果、繁殖。人们通过观察植物的生长过程，逐渐学会了人工栽培作物，于是产生了最初的农业生产活动。人民在长期生产实践中认识到，在“尽地力”思想指导下，我国古代土地利用率不断提高，集中表现在以种植制度为中心的耕作制度的发展。在连种制的基础上,我国古代劳动人民有许多出色的创造。

(一)轮作倒茬

轮作是在同一块土地上,有顺序地轮换种植不同作物的种植方式。倒茬是对这些菜田不另加生产任务,主要是为了辅助老菜田轮休倒茬以恢复地力。一块地如果连续种植一种作物,往往会引起某种营养元素的匮乏和某些病虫害以及杂草的滋生,合理的换茬可以调节甚至加强地力,减轻病虫害和杂草的危害。我国古代轮作的特点是广泛采用有肥地作用的豆科作物或绿肥作物与禾谷类作物的轮作,方式灵活多样。

轮作倒茬是防治土传病害的关键措施。轮作倒茬的优越性表现在以下几方面:第一,充分利用土壤养分。不同的蔬菜所需要的肥料是不同的,比如青菜、菠菜等叶菜类蔬菜需要氮肥比较多;瓜类、番茄、辣椒等果菜类蔬菜需要磷肥比较多;马铃薯、山药等根茎类蔬菜需要钾肥比较多,把它们轮作栽培,则可以充分地利用土壤中的各种养分,减少施肥量,降低蔬菜污染。第二,抑制病虫害发生。通过不同种类的蔬菜轮作,能够改变病虫害的生存环境,达到减轻病虫害的目的。比如粮菜轮作、水旱轮作,可以控制土传病害;种葱蒜类蔬菜之后再种大白菜,可以降低软腐病的发生。第三,增产效果显著。合理轮作不仅能避免“自毒”现象的发生,维持土壤生物菌群的平衡。同时,轮作蔬菜还能因地因品种因气候全面兼顾,不误农时,提高种植效益。

(二)间作套种

间种是在同一块土地上成行或带状相间地种植两种或两种以上作物。套种则是指前季作物收获前在行间播种下季作物,前季作物收获后,套种作物继续生长。它要求高秆与矮秆、喜阳与喜阴、深根与浅根以及生育期和对肥料需求不同的各种作物合理搭配,互不相碍,互相促进。《齐民要术》中有桑田间种芜菁、绿豆、小豆,麻子间种芜菁,大豆间种谷子等的记载。陈旉《农书》总结和推荐桑园间作苎麻的方式。明代出现了水稻套种、麦棉套种等新经验,到了清代间套种的方式就更加丰富多彩了。这样做可以充分利用耕地和作物生长季节,合理的配置作物群体,使作物高矮成层,相间成行;还能充分利用光能、空间和时间资源,改善作物的通风透光条件,提高光能利用率,同时还能提高农作物的亩产量。

(三)多熟种植

我国中原地区早在战国秦汉已有复种制的萌芽(如冬麦收获后种禾、豆),岭南部分地区双季稻种植不晚于汉代。但这些都是零星和分散的。复种制取得较大的发展是在宋代,当时经济中心所在的江南地区,人们在水稻收获后种植小麦、豆类和油菜等。到了明清,江南稻麦复种制进一步发展。南方双季稻的种植更加广泛，并向长江流域扩展，部分地区出现两稻一油的一年三熟制。在华北的许多地方，早在唐代时就已出现以麦作为中心的两年三熟制，至明清趋于定型，典型形式是秋收后种冬麦，麦收后种豆，次年豆收后种玉米、谷子、黍穄等，收获后仍种冬麦，依次循环。杨屾《修齐直指》中还记载了粮菜间套复种两年十三收的经验。从科学的角度来分析古代的轮作复种、间作套种以及多熟立体种植，就是要寻求多样生物之间的最佳生态关系，最终实现生物互利作用的最大化以及生物互害作用的最小化。

从新石器中晚期开始，我国古代劳动人民在水田技术、旱田技术以及经济作物栽培方面，逐渐总结出了植物栽培技术，并由中原地区向外缘扩散。在这个传播过程中，促进了风俗习惯交流与民族融合，丰富了我国农耕文化。

二、畜牧养殖技术

隋唐至明清一千三百余年的历史，是一部治乱兴衰的历史。在这一漫长的历史时期，畜牧业也经历了一个波浪式的发展过程，出现了几次发展高峰。隋唐时期是我国封建社会的鼎盛期，那时我国的畜牧业取得了跨越式的发展。宋元明清时期，畜牧业在牧场规模、牲畜存栏量，以及相关法规等方面都有一定的进步。

（一）马匹驯养

先秦时期，商代已经将马列为“六畜”之首，已经认识到养马的重要性，提出必须关注马的习性，注意马的冷暖，适度马的劳逸，慎对马的饥渴，在饲养方面积累了许多宝贵的经验。先秦时期的人们还知道在饲养马匹方面进行饲料的合理搭配。古代以粟和菽豆作为主要精饲料，统称为“秣”。粟是碳水化合物含量高的饲料，豆是蛋白质饲料。使用碳水化合物和蛋白质饲料、粗料和精料合理搭配，说明我国在春秋战国时期就有了比较科学的饲养技术。此后，人们对马匹进一步观察，掌握它的生活习性，在饲养方面积累了许多宝贵的经验。如《齐民要术》中说的“饮食之节，食有三刍，饮有三时”，意思就是说饲料不可太单纯，饲饮要定时，旨在强调精粗不等的 3 种喂牲口的饲料。此养马原则被后世所效仿。清代农学家张宗法撰写的综合性农学巨著《三农纪》中提到“凡草宜择新草，细锉筛簸石土”。意思是说，碎簸净石土，因为马的消化器官最容易犯病，吃了发霉不洁的草，很容易发生疝痛而致马死亡。这些饲养经验，直到现在仍在被运用。

（二）养牛技术

牛在我国这样一个农耕文化占主导地位的国度，一直占有特殊的地位，古代先民在养牛技术方面积累了丰富的实践经验。我国古代的养牛技术，涉及牛利用的历史发展、牛种的驯化和演进以及牛的饲养方式和方法等，体现了古代先民对牛的重视，更蕴含着几千年的牛文化。《齐民要术》中指出，养牛要适合牛的天性，寒温饮饲，还提到造牛衣、修牛舍，采用垫草，以利越冬等，表明当时就已经很重视舍饲管理措施。《唐六典》明确规定官牛的饲料由朝廷定量供应。元代的《农桑辑要》在总结元代以前耕牛的饲养方法时提到：每3头牛日给豆料达8升，每日定时喂给，每顿分3次，先粗后精，饲毕即耕用。到明清时期，耕牛饲养采取牧喂结合的方法。总之，我国古代劳动人民在养牛方面取得了令人瞩目的成就，畜牧业也形成了一套完整的家禽驯化饲养技术，成为中华文明的重要组成部分。

（三）养羊技术

我国自古就把不同属的绵羊和山羊统称为“羊”，其驯化和饲养的历史大概比牛悠久。绵羊和山羊对生态环境的适应性不同，二者的发展历史也有所差异，但自古以来它们都是肉食和毛皮的重要资源，是我国草原各族人民衣食的主要来源。自古养羊以成群放牧为主。牧羊与牧牛的方法十分相似，凡水草肥美的地方都是养羊的良好环境。古代先民通过养羊实践，积累下来许多养羊经验。我国养羊的历史悠久，从夏商时期开始已有文字可考。由于在河南安阳殷墟发现了绵羊头骨，因而有“殷羊”的命名，但实际绵羊驯化的时间远比殷代早得多。一般认为羊在远古时期就已进入驯化阶段。

关于牧羊的饲养管理，在青海都兰县的考古发掘材料证明，先秦文化遗址中有外围篱笆的较大羊圈，说明当时的牧区环境已有一定设施。《齐民要术》对牧羊人的性格要求、牧羊时羊群起居的时间、住房离水源的远近、驱赶的快慢、出牧的迟早以及羊圈的建筑、管理和饲料的储备等，都做出了详细阐述，说明饲养管理措施已经很周到。该书对剪毛法也有叙述，指出剪毛的时期和次数决定于季节，有春毛、伏毛和秋毛的区别等。

古代供祭祀和宴会用的羊牲，一般都经过催肥，称为“栈羊”。《唐六典》为此定有制度：凡选送到京的羊，即行舍饲肥育；一人饲养20只，每只定量供给饲料，屠宰有日期限制；并规定有孕母畜不准宰杀等。

自唐代以后，由于皇室和往来使臣的肉食需要，对栈羊非常重视。仅据北宋大中祥符年间诏书所示，牛、羊司每年栈羊头数达3.3万只，尚未包括民间羊肉的消费数量。对于配偶比例，明末清初农书《沈氏农书》认为以1雄10雌为宜。《豳风广义》中则认为，西北地区1只公绵羊可配10～20只母绵羊，在非配种的春季可改为50～60只。由于秋羔多不良，古代牧羊者已知在春夏季以毡片裹羝羊之腹，防止交配。

牛、羊粪可用来提高土壤肥力，这在《周礼·地官》中早已指出。《沈氏农书》中记述了明代嘉兴、湖州地区养羊除收取羊毛、羔羊外，还可多得羊粪肥田。徐光启在《农政全书》中指出羊圈设在鱼塘边，羊粪每早扫入塘中，可兼收养羊与养鱼之利。清代文人祁寯藻的《马首农言》还记载有清代北方农村秋收后“夜圈羊于田中，谓之圈粪”的养羊积肥法。我国古代牧羊场的组织制度应该说是比较健全的。隶属国家组织的牧羊场，古称“羊牧”，其中有的是独立设置，也有与马牛分群管理的综合经营。

【耕读学堂】

四川盆地西北部的北川古羌族，是一个以养羊为主的畜牧民族，由于羊在其社会经济生活中的重要作用，北川古羌族逐渐形成了对羊的崇拜。以羊祭山是古羌人的重大典礼，所供奉的神全是“羊身人面”，视羊为祖先。在日常生活中，古羌人喜欢养羊、穿羊皮褂、用羊毛织线。古羌族少年成年礼时，古羌族巫师用白羊毛线拴在少年颈项上，以求羊神保佑。羊图腾崇拜是羌族先民较普遍的一种崇拜形式，是古羌族原始宗教信仰的一个重要内容。

羊图腾

【田野躬耕】

走出校园课堂，走进乡村田野

说明：根据自身实际情况，进行以“走出校园课堂，走进乡村田野”为主题的农耕文化实践活动。

农耕实践是课堂教学的延伸，也是校内教育的重要补充。同学们通过采摘蔬菜，学习耕地知识，学农事，干农活，化身成农夫，传承农耕文化，既体会到了田园生活，也体会到了团结合作的重要性，以及感受到劳动的价值，提高了大家掌握劳动技能的综合素养。

请同学们思考一下，通过农耕实践活动大家有哪些收获或学习到了哪些农耕文化？

课后练习

1.我国农耕文明可以从(　　)时代开始追溯。

2.(　　)是指人们在长期农业生产中形成的一种风俗文化,是世界上最早的文化之一,也是对人类影响最大的文化之一。

3.(　　)、(　　)、(　　)、(　　)、(　　)称为“五谷”。在我国畜牧业长期发展的过程中,古人在实践的基础上,选育出(　　)、(　　)、(　　)、(　　)、(　　)、(　　)为六畜。

4.中国传统农业的指导思想是(　　)理论。

5.(　　)是农作物和畜禽生长的载体,是主要的农业生产资料。

6.要实现可持续发展,就必须记住(　　)的古训。

7.(　　)起源于黄河流域,是我国古代劳动人民在长期的生活实践中摸索出来的自然变化规律,用以指导农业生产。

8.农史学界将我国农业的发展划分为三个时期:(　　)、(　　)、(　　)。

9.在中国古代社会中,最能体现生产力发展水平的是(　　)。

10.随着冶铁技术的广泛运用,唐代出现了(　　),使我国的农业发展进入了一个新的阶段。

第三章　传承耕读文化　增强“三农”底蕴

学习目标

知识目标：了解我国古代耕读文化的内涵；理解中国传统耕读文化的现代价值。

能力目标：通过对我国传统耕读文化的学习，正确看待新时代重建和拓展耕读文化的现实意义。

素养目标：传承耕读文化精神；弘扬中华民族勤耕重读的传统美德；厚植大国“三农”情怀。

【课堂导入】

我国传统耕读文化

古代知识分子一边耕作，一边读书，是中国古代乡村最美的风景。图为木雕《渔樵耕读书院外景》

“耕读传家久，诗书继世长”，如今在一些古宅中，仍可以看到这样的对联。我国古代知识分子追求“耕”与“读”相结合的生活方式，在繁重的农业劳动之余，还能挑灯夜读，形成了我国独特的耕读文化。耕读不仅是指半耕半读的一种生活方式，更是一种情怀、一种文化、一种价值追求。耕读文化是中华文化的重要组成部分，作为新时代的大学生，我们有责任留住对耕读文化的记忆，传承和发扬耕读精神。

思考：请同学们谈一谈自己对耕读文化的理解。

第一节 绘画图形艺术 展现农业文明

一、图形与原始农业生产、生活

在史前的岩石壁画和洞窟壁画中，清晰地记录了原始生活状态下的农业生产活动。史前时期生产力水平较低，人类对自然环境的依赖性比较强，人类生产和生活受自然环境的影响较大，因此对农业生产文化面貌的影响也较大。

在我国连云港将军崖岩画中，有许多关于日月、植物、鱼鸟等形象丰富的图形刻画。在人类发展史中农业活动伴随着人类的发展，如果没有农业的活动和发展则其他的活动和门类也无法进行和发展。在图形内容的表现上，重大的场面，农业信息丰富，涉及农业生产生活的各个方面。

旧石器时代人类以采集和渔猎为生，只能以天然的产品作为食物，这种经济称为“掠夺性经济”或“攫取性经济”。到了新石器时代人们能够制作较好的工具，生活环境也逐渐改变，攫取食物的方式也发生了改变。足够食用的肉类食物是原始人的生存问题的保证。因此，关于捕获动物的一些必要的知识对原始人是至关重要的。在长期的狩猎实践过程中，通过长期的观察研究，掌握了动物的特性和生活方式，运用图形表现捕获动物的知识。在没有文字的时代多依靠图画图示形式捕捉，借以表达狩猎的成功。在原始人居住的洞穴中，刻画着与他们的生活密切相关的野牛、野马、野鹿、猛犸象、大角山羊、犀牛、狮子、熊等形象，这些图形形象，都是他们生活中不可缺少的食物来源。

在连云港将军崖岩画上，有一组岩画的主要内容为人面、农作物、兽面以及各种符号。这些符号和图形，反映了当时人类对农业的依赖及对土地的崇拜。

在新石器时期，彩陶图案关于农业现象的描绘比较普遍。与农业生产、渔猎活动相关的图案、图形刻画在彩陶上，有的具象、有的抽象，不论如何变化，农业生产、渔猎活动的痕迹都一目了然。马家窑文化类型的舞蹈纹彩陶盆，于 1973 年在青海省大通县上孙家寨出土，高 14.1 cm、口径 29 cm。这件彩陶盆表达了欢乐的主题，集中反映了五六千年前人们的智慧和生活情趣。舞蹈者的形象以单色平涂的手法绘成，造型简练明快，三列舞人绕盆沿形成圆圈，下有四道平行道纹，代表地面。盆中盛水时，舞人可与池中倒影相映成趣。小小水盆成了平静的池塘，池边欢乐的人群映在池水之上，虚实结合的舞蹈场面令人陶醉。此外还有在兰州出土的一个马家窑类型的陶罐上画有两条鱼落入网中挣扎跳动，颇为别致。

仰韶文化以彩陶最具特色，当时人们以黑、红、褐、白等颜料在陶器上绘制鸟兽鱼虫、花草树叶、日月星辰和几何纹图案等。首次以绘画的形式表达中原人类的思维情感。人类早期的渔猎活动在彩陶的图案中得以显现，在出土的遗存中得到证明。西安半坡遗址出土的带钩的渔叉、鱼钩和石网坠，表明当时已有捕鱼的生产活动。可以推断，原始人的渔猎活动比较普遍。鱼不论是猎取或是食用，还是作为图腾崇拜的对象，在人们的身边容易获得，在自然环境中容易大量繁殖。仰韶文化类型的《鹳鱼石斧图》是中国发现最早的绘画作品之一，以其宏伟的气势体现中国新石器时代美术创作上的最高成就。《鹳鱼石斧图》分为两个部分。器物的左边画了一只圆眼、长嘴、两腿直撑的水鸟，它昂首身躯微微后倾，嘴上衔一条大鱼，在器物的右边竖立着生产工具，人们用石斧砍倒荆棘，开辟田地，防御猛兽袭击，保护自身安全。石斧在原始人征服、改造大自然的过程中发挥了巨大的作用。虽然有些专家认为这幅彩陶画极有可能是原始氏族图腾崇拜礼仪场面的一个特写镜头。但是也正说明了渔猎和生产活动的普遍和重要。

舞蹈彩纹盆

鹳鸟石斧图

二、图形表现相关的农业生产、生活

汉代四川成都地区，农业和手工业极为发达。东汉时期的《弋射收获图》画像砖（长39.6 cm、宽46.6 cm）于1972年在四川大邑安仁乡出土。此画像砖画面上半部表现荷塘岸边两名射手正沉着有力地引弓，射杀惊飞水鸟的情景。塘中有的水鸟惊慌地向天空四散飞逃，有的展翅欲飞，有的直冲天际。此外，水池中凋零的荷花和丰满的莲蓬及远处落叶的大树，恰如其分地渲染了秋天的景色。下部为秋天丰收的场面，有两人在前持镰割稻，三人在后拾稻、扎稻，一人送饭到田间。表现手法精巧活泼，纯朴自然，极富生活气息。

汉代农业技术相当发达，从史料上看，牛耕和铁制农具应用于农业，促进了农业经济的繁荣。嘉峪关魏晋5号墓壁画，绘着犁地、耙地、耱地、打场、扬场等从耕种到收获的农业生产画面。

1971年发现的汉代内蒙古和林格尔汉墓，位于乌兰察布市和林格尔县新店子乡境内的一座土山上，为多室砖墓，由墓道、前中后三主室、耳室等组成，墓门东向全长约20 m。墓壁、墓顶及甬道两侧有壁画50多幅，榜题250多项，是我国考古发掘迄今所见榜题最多的汉代壁画，这些壁画形象地反映出东汉时期我国北方多民族居住地区的阶级关系、民族关系和社会生活面貌。墓壁及甬道上布满了精心设计和描绘的壁画，内容丰富，技巧娴熟。内容包括墓主历任官职、车马出行、生产劳动、城垣府舍、燕乐百戏、祥瑞等。

在古代瓦当的图案中，有荷花、花树、对羊、草纹等反映农业生产内容相关的图形和图案。在中国的瓷器图案中，有描绘劳动生产、生活、自然田园风光的图案和与农业相关的农作物图案。

三、农作物被绘画、诗歌赋予感情色彩

《程氏遗书》卷二十二，有“饿死事小，失节事大”的记载。节义是中国士大夫们追求的信条。在“民以食为天”的现实生活中，生存是第一要务。人们的日常生活都与维持人生存的食物相联系，不管是远古的农业时代，还是现代的科技时代，粮食是生存的基础，每天必需的粮食作物，在生活中逐渐被人们美化或是作为绘画的题材，同时也是表达节义、志气的手段。在《乐羊子妻》中，有引用古人志士节气的典故劝诫丈夫励志求学、修身正德的语句。当乐羊子有求学思退、拾遗见利的举动时，乐羊子妻规劝说：“妾闻志士不饮‘盗泉’之水，廉者不受嗟来之食，况拾遗求利，以污其行乎！”

宋朝画家李唐，善画山水人物，为南宋四大家之首，其作品《采薇图》画的是伯夷和叔齐的故事。在商朝末期，有个小诸侯国叫孤竹国，国君有两个儿子，大儿子叫伯夷，小儿子叫叔齐。老国王想把王位传给叔齐。但当老国王死了之后，叔齐却把王位让给了老大伯夷。伯夷说：“父亲让你继承王位，而不是我。”于是伯夷就悄悄地离开了。叔齐不肯继承王位也走了。后来周武王伐纣，商朝灭亡，天下都归顺了周朝。两人听说了以后却耻于向周称臣，并出于义愤而不食周朝的粮食，隐居在首阳山中，采集野菜充饥。最后饿死在首阳山中。时值国难当头，作者借用《采薇图》来激励当朝支持抗金斗争的人士，对投降派进行痛斥。

在长期农业生产、生活的实践积累中，人们常常会把自身的境遇与植物的形态特征和生长环境的优劣联系在一起。人类生存的状态和精神追求往往会与农作物的生长态势和自身特征在表现形式上相吻合。许多画家、文人借用诗词、绘画等手段，把自己的生活境遇物化到植物花卉当中，并用绘画、文学表达出来。

明代画家徐渭的《墨葡萄图》，笔墨酣畅，布局奇特，老藤错落低垂，串串葡萄倒挂枝头，

晶莹欲滴，茂叶以大块水墨点成，信笔挥洒，任乎性情，逸趣横生，风格疏放，不求形似而得其神似。画面上方的草书题诗：“半生落魄已成翁，独立书斋啸晚风，笔底明珠无处卖，闲抛闲掷野藤中。”表达了画家的狂放洒脱和愤世嫉俗，传达出一位落魄怅然的文人形象，葡萄在徐渭笔下，成了主体价值的象征。

宋代画家善于运用花卉植物的枝杈、果实、形态来作画，称为折枝画。在众多的折枝画作品中，农作物中的花卉、果实、枝叶都被画家通过图像的描绘，鲜活地展现在眼前。

宋代许迪《野蔬草虫图》，画面描绘素净的地面上，有一株孤零零的白菜，零星的叶片褪了不少绿意，也被虫子啃蚀得有些残破。一只红尾的蝗虫弹跳起来，好像要来饱食一顿。白菜上方一只淡黄的粉蝶翩然而至，与一只黑翅的蜻蜓不期而遇。这幅作品既生动地反映出自然界生物的常态，又透着生活的哲理。

中国近代杰出的艺术家，上海画派的领袖吴昌硕、张熊、齐白石等大师都有描绘葫芦、虫鱼、荔枝、枇杷、白菜、萝卜等生活中经常食用的蔬菜和家居观赏植物的作品。

农业生产的相关活动，在绘画作品的表现上，有耕织、渔猎等活动场景，既是表现生活的一个侧面，又是抒发画家情感和表达生活的一种状态。五代南唐赵干所绘《江行初雪图》是一幅山水人物并重的作品，描绘长江沿岸渔村初雪情景。画面上天色清寒，树木笼雾，江岸小桥，一片初白，寒风萧瑟，江水微泛，一派天寒寂静之景。江上渔夫不顾天寒地冻捕鱼，而岸上骑驴者却畏缩不前，人物神情描绘逼真生动。

元代画家赵孟頫的作品《秋郊饮马图》，画的是江南初秋时节放牧人赶着一群马到岸边饮水的情景。放牧人身穿红色长袍，手持马鞭，转身看着正在嬉戏的两匹马。在牧人的前方有五匹马步入河中饮水，在河岸上还有两匹马在互相追逐。整个画面树木清秀，河水平缓无波，马的造型生动，表现了自然景致的优美。

历史上图绘《耕织图》的作品，受到统治者的推崇。在封建社会，农业稳定是社会稳定的基础，也是国家的经济命脉，因此发展农业经济和农业活动，是维护统治的物质根本。《耕织图》是我国古代为劝课农桑，采用绘图的形式翔实记录耕作与蚕织的系列图谱。由于其“图绘以尽其状，诗文以尽其情”形象生动、细腻传神地描绘了劳动者耕作与蚕织的场景和详细的生产过程，起到普及农业生产知识、推广耕作技术、促进社会生产力发展的巨大作用，其本身也成为极其珍贵的艺术瑰宝。

第二节　古典诗词文化　展现劳动之美

中国自古以来就是勤劳而智慧的民族，有许多关于劳动的美好诗句。从这些古诗中我们不仅能够体会到劳动者的辛勤和不易，也可以读到劳动带给人们的快乐和愉悦。

在我国最早的诗歌总集《诗经》中，就有大量关于劳动的农事诗。那时候生产力低下。可在《诗经》中，我们读到的不是对辛苦劳作的抱怨，而是充满了生活趣味、轻松快乐的心情及对劳动的赞美。

如《诗经》的《周南·芣苢》中："采采芣苢，薄言采之。采采芣苢，薄言有之。采采芣苢，薄言掇之。采采芣苢，薄言捋之。采采芣苢，薄言袺之。采采芣苢，薄言襭之。"全诗通过重复迭唱的手法，表现了几个正在劳动的女子，边采摘车前子草，边欢快地唱着歌谣："车前子儿采呀采，采呀快快采些来。车前子儿采呀采，采呀快快采起来。车前子儿采呀采，一颗一颗拾起来。车前子儿采呀采，一把一把捋下来。车前子儿采呀采，手提着衣襟兜起来。车前子儿采呀采，掖起衣襟兜回来。"歌谣中表达的劳动场面既生动又欢快。

这样表达劳动欢乐的诗歌，不仅在农事诗中出现，在表达爱情的诗中也会出现。比如《诗经》的《魏风·十亩之间》中："十亩之间兮，桑者闲闲兮，行与子还兮。十亩之外兮，桑者泄泄兮，行与子逝兮。"就是通过诗歌表现了采桑女在桑园里快乐地采桑叶，以及劳动后带着愉快的心情与恋人结伴回家的欢快心情。

关于劳动中最著名的诗，则要数唐代诗人李绅的那首《悯农》："锄禾日当午，汗滴禾下土。谁知盘中餐，粒粒皆辛苦。"作者生动地刻画出了劳动者在烈日下劳作，汗水一滴滴掉落下来的辛苦与不易，令人动容与怜悯，从而告诫人们要珍惜每一粒来之不易的劳动成果。白居易的《观刈麦》中的"足蒸暑土气，背灼炎天光。力尽不知热，但惜夏日长。"也同样写出了劳动者的不易。

南宋诗人的《四时田园杂兴》，则用清新自然的笔调，描写了农忙时节紧张的劳动氛围和富有生趣的乡村生活："昼出耘田夜绩麻，村庄儿女各当家。童孙未解供耕织，也傍桑阴学种瓜。"农忙时节，大人们早出晚归，白天种田晚上搓麻，就连不会种田和织布的小孩子，也学着大人的样子种起瓜来。好一幅热烈而生动的劳动生产图。

元丰元年（1078 年），苏轼调任徐州知州。次年，徐州遭遇春旱，苏轼去城东石潭祈雨，写下《徐州祈雨青词》和《起伏龙行》。诗中描述徐州大旱的情景："东方久旱千里赤，三月行人口生土。"大概是心诚则灵，祈雨后不久，徐州普降甘霖，旱情缓解，百姓生活恢复正常。

此后，苏轼一连写下 5 首《浣溪沙》，反映恢复正常生产生活之后的徐州，尤其是农民虽然艰苦却也充满欢乐的生活场景。第四首尤其脍炙人口："簌簌衣巾落枣花，村南村北响缲车，牛衣古柳卖黄瓜。酒困路长惟欲睡，日高人渴漫思茶，敲门试问野人家。"

当苏轼信步走进一个小村庄，迎接他的是一连串动态的声音，先是簌簌飘落的枣花，这是来自自然的天籁之声；接下来的"村南村北响缲车"就是人的活动制造出来的声音了。"缲车"即缫丝车，是从蚕茧中抽丝出来的一道工序，"村南村北"当然只是一种互文见义的写法，并不是只有村子的南边和北边才有缫车运转的声音，而是指整个村庄到处都传出缫车工作的声音。

“簌簌衣巾落枣花，村南村北响缫车，牛衣古柳卖黄瓜。”简简单单三句词，从乡村的自然风光，到村民的劳动生活，最后落到了村庄最简单的“旅游服务业”。最后一句画面感极强，我们仿佛看到一位穿着简朴的乡民坐在古柳树下，面前摆着一篮子刚摘下不久的新鲜黄瓜，乡民则倚着树干，对乡民来说，售卖黄瓜不是他的主要收入来源，只不过正好是黄瓜成熟的季节，又还没到农忙之时，趁闲卖掉一些家里吃不了的黄瓜，贴补家用。所以他并不像集市里的专业小贩一样，卖力地吆喝推销，而只是在树荫下乘着凉，甚至半闭着眼睛打着盹儿，若有路过的行人口渴了，买一两根解解渴，如此而已。

词的上半阕为我们营造了一个既繁忙又宁静的劳动场景，而苏轼作为父母官的欣慰也暗含其中。劳动的繁忙说明老百姓的经济来源是有保障的，村庄的整体经济状况是比较稳定的，随性随意的状态说明老百姓的生活颇有安全感。词的下半阕则讲述了诗人的个人感受。夏日中午，苏轼在乡村小道上走得又热又困又累，几根黄瓜吃下去还是不解渴，只想大口大口灌几碗凉茶痛快一下，于是他信步走到一户农家门口，敲敲柴门“试问野人家”。在古代的语境中，“野人”指农夫、居住在村野里的村民。苏轼曾说，他出身农村，原本就是个“田间野人”，所以当他随意敲起一扇柴门时，是真的把“野人”当成了“家人”。

当苏轼漫步在小乡村，闻到农家煮蚕茧的香味弥漫整个村庄，看到生长茂盛有望丰收的农作物，听到村民们一边劳动一边闲聊的欢声笑语，亲身体会到农民简朴甚至有些辛苦的生活，那种与田园生活的亲近感让他陶醉其中。虽然身为“使君”，但他从未忘记自己起于乡村田野，无论是居庙堂之高，还是处江湖之远，在苏轼的文字中，一直闪亮着劳动人民勤劳质朴的美好身影。

劳动是人类生存和生活的基础手段，劳动是快乐的，劳动是辛劳的。翻读古诗中的关于劳动的诗句，又一次感觉到了劳动者的勤奋、美丽和伟大。

第三节　劳动教育思想　伴随时空更迭

自古以来，虽然在家庭和社会中不乏劳动教育，但由于劳动教育的主体是学校，传播思想、体现地位的场所在学校，因而本书主要关注学校层面的劳动教育。另外，通过梳理特定时空背景下劳动教育的演变，既有助于在长时段中确立影响条件和机制，也能够反映教育与历史、社会互动的结果。总而言之，从“世袭社会”中劳动教育的初次分离，到“选举社会”中劳动教育的隐而不彰，再到“后选举社会”中劳动教育的重新发现，我国早期劳动教育思想与“政治社会”发展相伴而生，并大体遵循“混沌—分离—遁隐—重现”的演变历程。

一、从混沌到分离：“世袭社会”中的劳动教育

远古时期，无论是在恩格斯所言的“蒙昧时代”还是“野蛮时代”，迫于群居和氏族繁衍生息的实际需要，教育与生产生活实为一体。不仅工具制造、采集狩猎等生产劳动离不开经验传授，衣食住行、宗教祭祀等社会活动也少不了能者教导。不过，随着生产力的发展和劳动门类日益扩大，教育逐渐摆脱生产劳动的“母体”而自成体系，独立的教育机构和脑体分工开始出现。

我国早期的教育活动主要面向名门贵胄等“社会精英”，传授“国之大事”，这既让教育逐渐远离生产劳动而成为治国安邦的重要手段，也使礼仪和军事成为学校教育的主要内容；但无须赘言的是，从西周到春秋时期，教育的主要目的仍然在于维护阶级社会的等级制度，并建构着一个少有流动机会的“世袭社会”。作为我国最早的学校课程体系，“六艺”充当着培养文韬武略、德才兼备的统治阶级的文化载体。其中“礼乐”居于核心，其不仅有助于形成刚柔并济的治国理政方式，也悄然发挥着类似德育和美育的实用功能；同样，以军事训练为基底的“射御”偏向体育，以文化知识为目标的“书数”强调智育，而唯独劳动教育没有被纳入贵族阶级的认识范畴。春秋时期，随着“士阶层”兴起，与“官学”相对的“私学”得以诞生。其中，儒、墨两家以其鲜明的教育主张和内容成为当时的“显学”。历史上，儒家删订“六经”以突出人文教育，以培养积极“入世”的“士大夫”为己任，将道德实践置于社会实践之上，劳动教育的地位十分有限。《论语》中的一段对话可以充分明证：樊迟请学稼。子曰：“吾不如老农。”请学为圃，曰：“吾不如老圃。”樊迟出，子曰：“小人哉，樊须也！上好礼，则民莫敢不敬；上好义，则民莫敢不服；上好信，则民莫敢不用情。夫如是，则四方之民襁负其子而至矣，焉用稼？”此段对话虽争议不断，但的确体现出“劳心者治人，劳力者治于人”的等级观念。

墨家倡导“农与工肆之人”即小生产劳动者的利益。墨子及其后学主张“兴利除害”，将自然科学、生产技术等作为教育主要内容，虽同样强调德行和思辨，但重视经验和劳动的“朴素唯物主义认识论”却显示出与儒家的根本差异。墨家起源于城市工商业的发展，坚韧不拔、苦行役身等劳动精神是墨家的“标签”，“赖其力者生，不赖其力者不生”等思想也为其传授劳动知识和生产技能提供着支持。可尽管墨家在生产劳动中“知行合一”的教育思想泽被后世，但墨家学派在战国后期不再称“显”也是事实。这个不同于儒家“人文教育”、以“生产技能教育”为主要内容的独特学派何以兴衰并不是本书讨论的重点，但它却为考察教育与生产劳动的初次分离提供了一个良好的观察视角。

二、从分离到遁隐：“选举社会”中的劳动教育

自秦汉至晚清，儒家思想一直占据着学校教育的主导地位，并充分体现在教育内容和教育理念上。随着私有制和社会分工越发成熟，统治阶级与劳动阶级之间的对立也越发尖锐，而接受教育成为统治阶级的一员，不仅是广大贫寒士子相对公平的上升途径，也成为统治者笼络社会精英的重要方式。有学者将这种自上而下地选择治理者，以竞选者的德行、才能、名望以及文化修养作为选拔依据的等级制社会，称之为“选举社会”。在如此制度中，无论是学校的教育目标和内容，还是社会的学习环境和氛围，都不太能够与“劳动教育”相关联，对此可以从教育内容、人才选拔和社会风气等方面予以粗略考察。

第一，学校教育内容脱离劳动。学校教育制度形成以后，不管是政府督办的各式官学，还是书院一类的私人讲学场所，无不以儒家经典为基本内容，并将“仁义礼智信”等规范作为理想的人才标准。甚至可以说，此时的学校教育主要面向两类人：一是自身已脱离生产劳动的世子贵胄，读书本身便可视为一种消遣；二是梦想脱离生产劳动的寒门士子，读书兼具改变命运的实用功能。在此导向下，作为政治社会的童蒙教材，《三字经》《百家姓》和《千字文》中并未出现“劳动光荣”之类的口号；而闻名遐迩的《白鹿洞书院揭示》，也只是阐述了纲常名教、为学之序、待人处事之要等常规事项；换言之，劳动教育此时不是学校教育的基本内容。

第二，人才选拔方式远离劳动。中国旧式教育的特点在于学校与科举相始终，两千年的教育制度史甚至可以被看作科举制度史。由于获得科举资格后便能享受免除差役、宾礼相待、掌权高升等种种特权，历代士人无不殚精竭虑，以科举中榜为荣。同时，科举制度作为重要的社会人才选拔机制，其形式也随时代而变迁：两汉以家法取士，举孝廉和贤良；唐、宋以诗赋、经义取士，选文采和博闻；明、清以八股取士，择文章和策论。但无论家法、诗经还是八股，都在强调应试者的伦理道德和“纸上功夫”，学校教育难免培养出不少“四体不勤，五谷不分”脱离生产的书生，就古代农业社会的发展水平来看，大多数人是无法脱离繁重的生产劳动的，故而才会形成“耕读传家”的文化传统；但筛选人才的科举制度却能将“朝为田舍郎，暮登天子堂”的美好理想化为现实。

第三，社会学习风气背离劳动。科举制度确立后，“学优则仕”成为社会主流逻辑，“十年寒窗无人问，一举成名天下知”是学习者典型的社会心态。而且即便罢官或归隐，官员士子也很少直接参与生产劳动，这也可证实劳动与教育的分离。其中，陶渊明作为田园诗歌的开创者，创作了不少以劳动为题材的文学作品，且属于鲜有的主动向劳动者转换的知识分子，可将其视为代表人物。在《归去来兮辞》中，“既自以心为形役，奚惆怅而独悲”表达出为免于饥寒而违背意愿去做官的懊悔，也反衬着官员的“荣华富贵”；在《桃花源记》中，“鸡

犬相闻，往来种作”描绘出对朴素劳动生活的向往，也讽刺着官场的“骄奢淫逸”；而在《归园田居》中，对劳动生活的向往终成现实，但“种豆南山下，草盛豆苗稀”却意味着作者对劳动并非热衷，更不用说去领会劳动的真谛。可见，对劳动人民的同情并未使他成为一个真正的劳动者，其对田园生活的讴歌更多是对现实的反讽。

总之，劳动教育的隐而不彰有其社会文化根源：第一，学校没有专门的劳动教育课程，接受教育即意味着“一心只读圣贤书”而不事劳动；第二，社会逐渐形成“万般皆下品”的风气和氛围，“诗书文章”是人才选拔的标准，因而即便承认学校中有劳动教育的要素，也要认识到其仍主要以脱离生产劳动为旨趣。事实上，在以农业为本的传统社会中，劳动经验知识的传递、劳动德行品格的培养以及中华民族劳动文化的塑造并非以学校为主导，劳动教育更多地需要依靠家庭和社会的力量来完成。

三、从遁隐到重现：“后选举社会”中的劳动教育

在科举盛行时期，虽然多数士子抱有“读书—做官”的思维定式，但也不能排除部分有识之士对其不以为意。譬如，作为“实学”教育的倡导者，颜习斋反对静坐读书和雍容自得的学习态度，提倡学生做一个吃苦耐劳、节制嗜欲的实行者。对于年龄幼小的，教他们洒扫、应对、进退等仪节；对年龄较大的，则学习诗书六艺和兵、农、水、火、钱、谷等实用知识。可惜的是，尽管颜氏崇尚劳动的教育主张曾大放异彩，但又如墨家境遇般迅速湮没，无疑更加凸显出“学而优则仕”的政治力量。

古代教育以科举和礼教为主要内容，二者虽有利于巩固贵族精英的统治，却难以助力工商业的发展，实学和劳动教育在学校中的地位显得微不足道。近代社会变革为扭转这一局面提供了契机：首先，以天朝自居、以文明自诩的大国在各项战事和外交中的溃败，动摇了数千年来以“礼”为首的教育根基；其次，商品经济开始超越农业经济、科学技术，实用知识挑战着以“文”为主的八股辞章。由此，静坐书房、空疏闲暇的教育不再盛行，而科举制度的衰落则催生出新教育，后者根据西方教育理念对本土教育思想实施了诸多改造。譬如，清政府以“中体西用”为指导颁布的教育宗旨，蔡元培根据西方理念提出“五育并举”的教育方针，都注重培育既有道德品质，又有生活技能的新式人才。

劳动教育在近代教育中备受瞩目。近代中国积贫积弱，如何通过文化教育的变革实现“救亡图存”成为不少仁人志士的理想抱负，而获得必需的、先进的劳动知识和技能以帮助受教育者谋生活正是其中的重要内容。借助实用主义和平民主义思潮，劳动教育开始兴起。根据实用主义原则，民国元年颁布《小学校教则及课程表》《中学校令》，开设手工、家事、园艺、缝纫、农业等劳动课程，提倡一种倾向于职业养成的劳动教育；而在1932年的《中小学课程标准》中，甚至设置专门的劳作课以培养儿童的劳动习惯和劳动精神。对此，黄炎

培提及的职业教育的“四大目的”——谋个性之发展、为个人谋生之准备、为个人服务社会之准备、为国家及世界增进生产力之准备，也可视为本时期劳动教育的真实写照。

另外，“五四”平民主义思潮在向旧思想和旧制度宣战的同时，也在营造着受教育机会平等的教育氛围。杜威及其在华弟子作为民主教育的推崇者，大力宣传“使学校生活成为社会生活，民众求学即是求生活”的教育理念，意在使个人对社会的经济关系、民主管理、共同生活等情境产生直接兴趣以改造传统社会。事实表明，在不再宣扬血统和等级的“后选举社会”中——史学界常以“两半社会”冠名，学校教育的普及化、生活化让“瓮牖绳枢之子”和“引车卖浆之徒”获得了宝贵的受教育机会，这既激发出劳动人民的奋斗热情和“主人翁”精神，也使劳动教育思想在学校中真正萌发并占据重要地位。至此，我国劳动教育的思想表达和话语实践终于在社会转型、历史发展以及学校变革的共同作用下姗姗来迟，虽然仍然显得有些“犹抱琵琶”，但也为后来新中国劳动教育发展奠定了有益基础。

【田野躬耕】

番茄无土栽培

无土栽培是指以水、草炭或森林腐叶土、蛭石等介质作基质固定植株的根系，植物根系能直接接触营养液的栽培方法。无土栽培中营养液成分易于控制，且可随时调节。在光照、温度适宜而没有土壤的地方，只要有一定量的淡水供应，便可栽培。无土栽培根据栽培介质的不同分为水培、雾（气）培和基质栽培，具有产量高、品质优、绿色环保、打破空间限制等传统栽培无法比拟的优点。通过番茄无土栽培劳动实践，树立节约资源、农产品安全和环境保护意识，培养热爱农业、吃苦耐劳、勤于思考、团结协作的职业素养，形成严谨的工作态度和扎实的工作作风；还可以通过本次实践活动了解无土栽培相关知识，掌握番茄无土栽培的方法和技术要求。

实践设计

一、实践场所

学生宿舍或家庭阳台，也可在校内实训基地完成。

二、材料与工具

番茄幼苗、粉碎的秸秆、锯末、有机肥、铁锹、栽培槽等。

三、注意事项

（1）劳动前进行安全教育，在使用农具时注意安全。

（2）劳动时要注意各个环节的技术要点，确保番茄良好生长。

四、实践实施

1.分组制订计划

以学生宿舍为单位进行分组,宿舍长担任组长。小组成员一起讨论,制订劳动目标和计划,根据成员个人优势协商确定任务分工。

2.操作步骤

以小组为单位,成员共同完成一次番茄无土栽培劳动过程。操作步骤见表3-1。

表3-1　番茄无土栽培操作步骤

序号	具体步骤	操作及说明	劳动标准
1	规划方案	制订详细的番茄无土栽培方案和具体实施步骤,明确成员间分工和劳动内容	方案完整,操作步骤翔实,能够指导劳动操作
2	材料与工具准备	准备好铁锹、栽培槽以及相关基质,提前将基质按照比例混合均匀待用	粉碎的秸秆或锯末(占40%)、有机肥(占40%)与炉渣(占20%)混合,每100 kg加0.5 kg无土栽培番茄专用肥,用塑料薄膜覆盖杀菌消毒,半个月后填入栽培槽中
3	栽培槽准备	准备好栽培槽,并将处理好的基质填入栽培槽中,以备播种	栽培槽规格合适,装料适中
4	栽植	将栽培槽内基质整平,然后浇水,使基质充分吸水;将提前准备好的番茄幼苗移栽至栽培槽中	在槽内基质挖穴,每槽挖穴2行,行距约30 cm,幼苗定植后,少量浇水,保持幼苗根部湿润
5	工具与场所清理	完成栽植后,清理现场,确保栽培场所干净、有序	栽培场所整洁,栽培槽摆放整齐
6	生长期管理	加强生长期间的肥水管理、植株调整与病虫害防治,每天注意观察,记录番茄生长情况	养分供应充足,生长环境适宜,数据记录完整

注:操作安全提醒:①在使用铁锹等劳动工具时严禁打闹,注意安全。②番茄生长期间若发生病虫害,在进行药剂防治时,要注意用药安全。

实践评价

番茄无土栽培实践结束之后,由组长组织小组进行讨论,充分听取大家的意见和建议,每人对自己的劳动态度、劳动质量、劳动结果进行自我评价,总结自己的劳动知识与技能、合作意识、沟通能力、创新意识、吃苦耐劳精神等方面的感悟,最后由教师进行总体评价,填入表3-2中。

表 3-2　番茄无土栽培实践评价

	评价标准	得分
自我评价	提前查阅无土栽培相关资料(10 分)	
	做好劳动准备,准时参加劳动(10 分)	
	全程参与番茄无土栽培劳动,发挥了积极作用(10 分)	
	严格遵守劳动安全规定和操作要求(10 分)	
	生产出符合质量标准的番茄(10 分)	
	团队合作好,劳动效率高(10 分)	
	出色地完成劳动任务(10 分)	
	分工明确,合理调配资源(10 分)	
	对劳动提出了可行性建议(10 分)	
	劳动有创新(10 分)	
劳动感悟		
教师评价		

填写人:________

填写日期:_____年____月____日

课后练习

1.仰韶文化以(　　)最具特色,当时人们以黑、红、褐、白等颜料在陶器上绘制鸟兽鱼虫、花草树叶、日月星辰和几何纹图案等。

2.仰韶文化类型的(　　)是中国发现最早的绘画作品之一,以其宏伟的气势体现中国新石器时代美术创作上的最高成就。

3.宋朝画家李唐,善画山水人物,为南宋四大家之首。其作品《采薇图》画的是(　　)和(　　)的故事。

4.宋代画家善于运用花卉植物的枝杈、果实、形态来作画,称为(　　)画。

5.在我国最早的诗歌总集(　　)中,就有大量关于劳动的农事诗。

6.关于劳动中最著名的诗,则要数唐代诗人李绅的那首(　　)。

7.作为我国最早的学校课程体系,(　　)充当着培养文韬武略、德才兼备的统治阶级的文化载体。

8.自秦汉至晚清,(　　)思想一直占据着学校教育的主导地位,并充分体现在教育内容和教育理念上。

9.以农业为本的传统社会中，劳动经验知识的传递、劳动德行品格的培养以及中华民族劳动文化的塑造并非以学校为主导，劳动教育更多地需要依靠（　　）和（　　）。

10.五四平民主义思潮在向旧思想和旧制度宣战的同时，也在营造着（　　）的教育氛围。

第四章　回望农业奋进路　砥砺发展新征程

学习目标

知识目标：理解新中国农业发展七十年；掌握我国脱贫攻坚的辉煌历程；了解中国农业的发展对国际做出的贡献；熟悉农业永续发展的路径。

能力目标：通过对现代农业发展历程的学习，增强对中国作为农业大国的认同感，培养现代农业观。

素养目标：传承农业文明，弘扬劳动美德，厚植"三农"情怀。

【课堂导入】

"民以食为天"，农业涉及每个人的日常生活。中国是农业大国，农业发展历史悠久。我国幅员辽阔，农业种植面积大，部分农业作物产量居世界前列，中国是世界农业起源地之

一，最早可追溯到距今一万年左右，在世界农业发展中起着举足轻重的作用。农业作为中国第一产业，自古以来就在国民经济中占有重要地位。中国农业自近代以来尤其是近几十年发展尤为迅速。

思考：请同学们谈一谈现代农业的发展经过哪些历程。

第一节　农业辉煌七十年　砥砺奋进新时代

农业稳则天下稳，农民安则天下安，农村兴则天下兴。我国自古以来就是农业大国，农业、农民和农村是社会稳定发展的基础，乡村建设的探索在历史上从未中断。新中国成立七十年以来，从“农村合作化改造”到“农村市场经济体制构建”，从“统筹城乡发展”再到“乡村振兴”，我国农业综合生产能力和农民生活水平不断提高，农村发展取得了举世瞩目的成就，这当中离不开政策和改革的保驾护航。在经济社会发展的不同阶段，审时度势地调整农业农村发展政策，不断推进农业农村改革，成为“三农”工作的重中之重。

一、农村合作化改造阶段（1949—1977年）

新中国成立之初，我国在社会主义建设总路线的指导下，加快在农业农村建立和发展集体经济，在城市和工业领域实行全民所有制经济，并分步实施了系列社会主义改造运动，形成了集体经济和全民所有制经济双轮驱动的社会主义公有制经济。同时，我国采取了“以农业为基础、以工业为主导”的苏联发展模式，优先发展重工业，在恢复农业生产基础上，严格限制城乡之间的人口流动和产品流动，实行“农业支持工业、农村支持城市”战略。这段时间，我国重点推行土地制度改革、农业合作化改造、人民公社制度、统购统销和供销信用合作政策。四项政策在不同时期逐次推进、各有侧重，共同奠定了新中国农业农村政策框架。

一是土地制度改革。新中国成立后，首要任务就是恢复农业生产，推行一场在社会主义建设总路线指导下的农村土地制度改革运动。结合解放区土改做法和经验，1950年6月，我国出台《中华人民共和国土地改革法》，以此为法律依据向全国推行新的土地制度，即“废除地主阶级封建剥削的土地所有制，实行农民的土地所有制”。主要做法是：没收地主的全部土地，没收的土地以乡为单位，平均分配给没有土地和土地较少的农民，以及被没收土地的地主；保护中农、富农的土地和财产，保存富农经济。至1953年，全国土地制度改革基本完成，约3亿农民分配了7亿亩农村土地，宣告压迫中国人民两千多年的封建土地所有制彻底结束。

二是农业合作化改造。土改以后，形成的千千万万传统小农经营在某种程度上阻碍了农业现代化道路，一场具有鲜明社会主义特征、以建立集体经济为目的的农业合作化改造运动应运而生。1953 年末，在土地改革结束的同时，《中共中央关于发展农业生产合作社的决议》出台并执行。《决议》充分肯定了此前在局部地区试点探索、以“土地入股、生产互助”为主要特征的农业生产合作社的优越性。在党中央的大力号召下，短短两年时间，农业生产合作社数量从 1.4 万个增长到 190 多万个，全国入社农户占比达到 60%。与此同时，部分地区开始探索更高级别的生产合作形式——生产资料和生产剩余均归集体所有，并快速向全国推广。1956 年末，农业高级生产合作社发展到 54 万个，入社农户占比提高到 88%。仅 4 年时间，基本完成了农业合作化改造。

三是建立人民公社制度。人民公社最早出现在河南驻马店遂平县，其组织及成效获得了毛泽东的高度评价，毛泽东还将其特点概括为“一大二公”。1958 年 8 月，党中央正式出台《关于建立农村人民公社问题的决议》，在全国范围内掀起人民公社建设高潮。1958 年末，入社农户占比超过 99%，全国农村迅速实现了人民公社化。往后几年，经过不断调整和纠偏，逐步形成了“三级所有、队为基础”“政社合一”的人民公社体制。根据 1962 年 9 月通过的《农村人民公社工作条例修正草案》内容，农村人民公社实行各尽所能、按劳分配、多劳多得、不劳动者不得食的原则，是社会主义互助、互利的集体经济，与全民所有制经济一起，构成了社会主义经济的两种形式。人民公社制度推行严重的平均主义，是我国向共产主义过渡的制度产物。

四是统购统销和供销信用合作。基于粮食供求矛盾突出，以及“农村支持城市”的战略考虑，新中国成立以后，中央决定对粮油实行统购统销，并建立供销合作社和信用合作社。自 1953 年起，我国开始了长达 32 年的粮油统购统销制度，即在农村实行征购，在城市实行定量配给；供销合作社于 1957 年基本建成上下连接、纵横交错的全国性流通网络，承担着工农产品交换的重任；农村信用合作社是 20 世纪 50 年代初创办的农村互助合作组织，重在帮助解决农业生产中农具、农资等缺乏的困难。此三项政策着眼于国家与农民农村的关系，在很长一段时期，为促进生产发展、保障人民生活、稳定社会秩序发挥了重要作用。

二、农村市场经济体制形成阶段(1978—2001 年)

中共十一届三中全会做出了把全党工作重点转移到社会主义现代化建设上来的战略决定，确立了解放思想、实事求是的思想路线。农村改革成为我国改革开放的重要起点和突破口。20 世纪 80 年代的农村改革以解放生产力、发展生产力、激活农村市场经济为核心，20 世纪 90 年代的农村发展战略导向则是在此基础上逐步构建社会主义农村市场经济体制，使我国农业农村发展步入市场化轨道。这段时间，党和国家在农村的主要政策举措包括:实行家庭联产承包责任制,倡导发展多种副业,改革农产品流通体制,大力发展农村商品经济,逐步调整农村基层治理结构等。通过系列改革,我国社会主义农村市场经济体制基本形成,农业综合生产能力显著提升,农民生活水平大幅度提高。

一是确立家庭承包经营制度。1978 年 2 月,党中央制定了《关于当前农村经济政策几个问题的规定》,提出要尊重生产队自主权,坚持按劳分配,鼓励实行生产责任制和开展多种经营,允许和鼓励社员经营少量的自留地和正当的家庭副业。当年,以凤阳县小岗村为代表的安徽和四川部分农村率先实行了包产到户。党的十一届三中全会后,全国多地根据自身条件探索实行包产到户、包产到组、包干到户等不同形式的生产责任制。尤其在 1982 年、1983 年连续两年的中央一号文件部署指导下,以农户家庭承包经营为基础、统分结合的双层经营体制得到全面推广。1983 年 10 月,中共中央、国务院颁发了《关于实施政社分开建立乡政府的通知》,此举不仅标志着“政社合一”的人民公社制度彻底结束,更促进了承包责任制更深层次、更广范围的践行、巩固和完善。1983 年末,我国农村实施包干到户的农户占比超过九成。此后,党的十五届三中全会(1998 年)和党的十九大(2017 年),均提出“农村土地承包到期后再延长 30 年”。

二是农产品流通体制改革。伴随着农业生产迅速恢复,农村商品化意识也不断增强。党的十一届三中全会提出恢复农产品集市贸易,允许其作为社会主义经济的补充存在,次年开始,全国各地农产品集贸市场迅速恢复。1983 年中央一号文件提出逐步缩小农产品统购派购范围,并允许农民对完成统派任务后的产品开展多渠道经营。1978—1984 年,国家统派购的农副产品的品种减少 70%,比重降低 45 个百分点。1984 年和 1985 年的中央一号文件提出进一步激活农村商品经济,取消农副产品统购统销制度,鼓励农民参与多层次、多渠道的农村商品流通。1990 年,我国开始对部分农产品实行“国家定购”,20 世纪 90 年代全面开展以粮食为核心的农产品市场流通体制改革,基本解决了粮食收购价格偏低和购销价格倒挂问题,逐步形成了粮食购销双轨制,并初步构建起全国农产品市场网络体系。

三是鼓励发展乡镇企业。改革开放初期,党中央要求加快社队企业发展,鼓励农村发展种养业以外的加工业、建筑业、运输业以及各种服务业。1984 年,国务院发布《关于开创社队企业新局面的报告》(中央 4 号文件),将社队企业统一改称“乡镇企业”,并要求地方各部门积极支持社队企业的发展。此后几年,国家不断放开产业限制,全国兴起了农村大办企业的风潮,不同所有制企业同台竞争,乡镇企业在快速发展中迎来了辉煌时代,1987 年乡镇企业产值首次超过农业产值。1991 年 11 月,中央又对乡镇企业出口创汇给予新的扶持政策,进一步促进了乡镇外向型经济发展。但随着外部环境变化,乡镇企业自身的局限性也日益凸显,在全国经济产业调整的 20 世纪 90 年代中期逐渐式微。

四是乡村治理结构改革。乡镇治理结构改革主要是在 20 世纪 80 年代中期,1983 年开始实施行政分开，全面建立乡政府。1986 年我国发布《关于加强农村基层政权建设工作的通知》，从政治、经济两个领域，村、乡、县三个层级，系统提出了完善乡镇政权建设的思路。村级层面治理结构改革主要涉及村民自治。1982 年 12 月公布实施的《中华人民共和国宪法》规定农村实行村民自治制度，次年开启村民委员会组织法立法过程，并于 1987 年审议通过《村民委员会组织法（试行）》。该法于 20 世纪 90 年代中后期修订，在加强党的领导、选人、议事、监督方面充实了新的内容，并对村民委员会的性质、职能和相关问题做了更明确的规定。1998 年《村民委员会组织法》正式颁布，标志着我国村民自治正式步入法治轨道。

三、统筹城乡发展阶段（2002—2016 年）

进入 21 世纪以来，我国综合国力显著增强，但城乡二元结构也更加凸显。2002 年，党的十六大正式提出“统筹城乡经济社会发展”，从 2004 年开始，中央连续发布了 14 个以“三农”为主题的一号文件，表明国家对“三农”问题高度关注，在“三农”领域财政投入和政策倾斜也不断加大。

一是调整完善强农惠农政策体系。21 世纪伊始，党中央决定为农民减负、为农村松绑，开启了农村税费制度改革。2004 年取消农业特产税（烟叶除外），试点开展农业税免征。2006 年正式废止《中华人民共和国农业税条例》，彻底取消全国农业税。2004—2010 年，我国逐步搭建生产技术与收入相结合，专项与综合相配套的农业补贴政策体系框架，“三补一减”政策效应明显。与此同时，中央财政 2005 年开始对产粮大县加大转移支付和奖励，实行粮食最低收购价、大宗农产品临时收储等保护性收购政策，2008 年起设立现代农业生产发展专项资金，并不断完善粮食风险基金制度，扩大农业保险保费补贴试点范围，通过系列政策举措稳定农业生产，促进农民增收。党的十八大以来，我国农业农村支持保护政策更加强调生态环境保护，并不断优化财政支农方式。与此同时，我国致力于促进农村居民合作医疗保险、农村医疗救助制度和新型农村社会养老保险等领域与城市居民并轨，在打破城乡二元结构、实现城乡基本公共服务均等化方面迈出了重要步伐。

二是促进农民合作经济组织发展。经过 20 世纪 80 年代的生产力大发展，我国农产品供需格局发生根本性改变，农产品产业链条越来越长，但初级生产者经济利益难以得到保障。党的十三届八中全会决定指出，要积极支持农业专业协会、专业合作社和农户自办联办的各种服务组织等。各地展开了多种形式的探索实践。2004—2008 年连续五年的中央一号文件都强调发展农民合作经济组织的必要性和重要性。《中华人民共和国农民专业合作社法》实施，给予了农民合作社一个正式合法地位，将我国农民合作组织发展推向了一个新高潮。合作社数量虽多，有效运营的却不多，如何推动农民合作经济组织健康发展，仍然有待改革探索。

三是农村金融体系重构。改革开放至20世纪90年代中期，农村金融服务主体一直是中国农业银行领导下的各地农村信用合作社。1996年，我国开启农村金融体制改革，农村信用社脱离农行的行政隶属关系，试图转型为由农民自愿入股、社员民主管理的合作性金融组织。国务院出台《深化农村信用社改革试点方案》，着力推进农信社产权制度、治理结构和管理制度现代化。党的十六大以后农村金融机构多元化、构建竞争性农村金融市场体系、提高农村金融经营效益成为农村金融改革的主要内容。与此同时，部分地区于21世纪初开始探索的农户小额信用贷款制度也在实践中不断发展，成为农村金融服务的又一供给主体。

四是完善农民工相关政策。随着工业化、城镇化的快速推进，我国农民工数量从2004年的1.2亿增加到2017年的2.9亿，成为"三农"领域举足轻重的庞大群体，党中央、国务院高度重视农民工群体的就业状况和权益保障。2004年农业部制定《2003—2010年全国农民工培训规划》，多部门牵头启动实施"农村劳动力转移阳光工程"，2010年国务院发文要求继续加大力度，进一步做好农民工培训工作；2003年和2004年连续两年国务院发文要求改善农民工就业环境；2006年，国务院正式建立农民工工作联席会议制度，并印发《关于解决农民工问题的若干意见》，明确要求建立健全就业服务体系，强化农民工就业指导和工伤、医疗、子女教育等保障。2010年、2016年、2017年先后发文要求切实解决农民工工资拖欠和支付问题；2014年和2015年着重鼓励农民工返乡创业，并要求提升就业创业服务和指导水平。

四、乡村振兴战略实施阶段（2018年以来）

基于我国城乡关系变化特征，为完成决胜全面建成小康社会、全面建设社会主义现代化国家的重大历史任务，以习近平同志为核心的党中央于2017年党的十九大提出实施乡村振兴战略，要求坚持农业农村优先发展，让农业成为有奔头的产业，让农民成为有吸引力的职业，让农村成为安居乐业的美丽家园。2018年中央一号文件以乡村振兴战略为主题，明确了乡村振兴的重大意义和总体要求。2018年9月中共中央、国务院印发《乡村振兴战略规划（2018—2022年）》，从构建乡村振兴新格局、加快农业现代化步伐、发展壮大乡村产业、建设生态宜居的美丽乡村、繁荣发展乡村文化、健全现代乡村治理体系、保障和改善农村民生、完善城乡融合发展政策体系等方面，对新时代乡村振兴提出全方位的要求和引导。2019年中央一号文件再次强调要坚持农业农村优先发展，以实施乡村振兴战略为总抓手加快推动各项"三农"工作。

第二节 告别绝对贫困 创造伟大奇迹

这是一个彪炳史册的人间奇迹——8 年时间，近 1 亿农村贫困人口摆脱绝对贫困，脱贫攻坚战取得了全面胜利。2021 年是一个书写历史的时间坐标——在中国共产党成立 100 周年的重要时刻，我们党在团结带领人民创造美好生活、实现共同富裕的道路上迈出了坚实的一大步。

2020 年 7 月 15 日拍摄的江西省井冈山市神山村村民笑脸合集（图片来源：新华网）

回首过去，我们在解决困扰中华民族几千年的绝对贫困问题上取得了伟大历史性成就，创造了人类减贫史上的奇迹。展望未来，我们正在为全面建设社会主义现代化国家的历史宏愿而奋斗。征途漫漫，惟有奋斗。

——摘自 2021 年 2 月 25 日习近平在全国脱贫攻坚总结表彰大会上的讲话

一、全面胜利兑现庄严承诺

2021 年 2 月 25 日，习近平总书记在全国脱贫攻坚总结表彰大会上庄严宣告，脱贫攻坚战取得了全面胜利，中国完成了消除绝对贫困的艰巨任务。

脱贫攻坚战对中国农村的改变是历史性的、全方位的，是中国农村的又一次伟大革命，深刻改变了贫困地区落后面貌，有力地推动了中国农村整体发展，补齐了全面建成小康社会最突出短板，为全面建成社会主义现代化国家、实现第二个百年奋斗目标奠定了坚实基础。中国共产党成立 100 周年来，团结带领人民，以坚定不移、顽强不屈的信念和意志与贫困作斗争——中国共产党领导人民夺取革命胜利，成立新中国，开启了实现国家富强、人民富裕的崭新历程；改革开放极大地促进了中国发展，中国减贫进程加快推进；特别是党的十八大以来，在以习近平同志为核心的党中央领导下，中国组织实施了人类历史上规模空前、力度最大、惠及人口最多的脱贫攻坚战。脱贫攻坚战全面胜利，中华民族在几千年发展历史上首次整体消除绝对贫困，实现了中国人民的千年梦想、百年夙愿。

贫困人口生活水平显著提升，“两不愁三保障”全面实现，教育、医疗、住房、饮水等条件明显改善，脱贫攻坚的阳光照耀到每一个角落；贫困地区落后面貌得到根本改变，经济社会发展大踏步赶上来；贫困群众的精神世界在脱贫攻坚中得到充实和升华，信心更坚、脑子更活、心气更足，发生了从内而外的深刻改变；特殊困难群体生存发展权利有效保障，经济困难的高龄、失能等老年人补贴制度全面建立，700 多万贫困残疾人如期脱贫；贫困地区基层治理能力显著提升；贫穷不是命中注定，贫困并非不可战胜。中国减贫的实践表明，与贫困作斗争，最重要的是勇气、远见、责任和担当。

二、打赢脱贫攻坚的制胜法宝

“精准扶贫方略是中国减贫理论和实践的重大创新，是中国打赢脱贫攻坚战的制胜法宝。”中央宣传部副部长、国务院新闻办公室主任徐麟在国新办新闻发布会上这样表示。中国创造性地提出并实施的精准扶贫方略——做到“六个精准”：扶持对象精准、项目安排精准、资金使用精准、措施到户精准、因村派人精准、脱贫成效精准。实施“五个一批”：发展生产一批、易地搬迁一批、生态补偿一批、发展教育一批、社会保障兜底一批。解决好“五个问题”：扶持谁、谁来扶、怎么扶、如何退、如何稳。

三、中国减贫经验既属于中国也属于世界

世界好，中国才能好；中国好，世界才更好。北京师范大学中国扶贫研究院院长张琦指出，占世界人口近 1/5 的中国全面消除绝对贫困，加快全球减贫进程，显著缩小了世界贫困

人口的版图。消除贫困是全球性难题。中国在减贫实践中探索形成的宝贵经验,既属于中国也属于世界,拓展了人类反贫困思路,为人类减贫探索了新的路径。

中国为什么能够摆脱绝对贫困?就是坚持以人民为中心,100年来,不管国际国内形势如何变化,始终把人民放在心中最高位置;把减贫摆在治国理政的突出位置,将消除贫困上升为国家意志、国家战略、国家行动;用发展的办法消除贫困,始终把发展作为执政兴国的第一要务,集中精力搞建设、谋发展,通过发展解决不平衡不充分问题,创造了经济快速发展奇迹和社会长期稳定奇迹;立足实际推进减贫进程,立足本国国情,科学制定减贫标准、目标、方略,不断创新减贫理念、方法、手段,循序渐进、持续用力、滴水穿石;发挥贫困群众主体作用,激发培育贫困群众内生动力,增强参与发展、共享发展、自主发展的能力,使贫困群众不仅成为减贫的受益者,也成为发展的贡献者;汇聚各方力量形成强大合力,构建政府、社会、市场协同推进,专项扶贫、行业扶贫、社会扶贫互为补充的大扶贫格局,形成跨地区、跨部门、跨单位、全社会共同参与的多元主体的社会扶贫体系。“中国之所以消除绝对贫困,最重要的是,中国共产党的人民情怀,从党的领袖到党员干部,都把人民放在心中最高位置。”徐麟说,脱贫攻坚是没有硝烟的战场,广大党员干部以热血赴使命、以行动践诺言,汇聚起我们打赢脱贫攻坚战的强大力量。

四、接续奋斗全面推进乡村振兴

脱贫摘帽不是终点,而是新生活、新奋斗的起点。打赢脱贫攻坚战之后,中国将持续巩固拓展脱贫攻坚成果,做好同乡村振兴的有效衔接,实现“三农”工作重心的历史性转移。中国人民大学中国扶贫研究院院长汪三贵说,巩固拓展脱贫攻坚成果最有效的手段就是衔接推进乡村振兴,可以说推进乡村振兴就是巩固拓展脱贫攻坚成果的必然要求。

哪些举措预防返贫?原中央农办副主任、国家乡村振兴局局长王正谱说,建立防止返贫的监测和帮扶机制,在五年的过渡期内保持政策的连续和稳定,要“扶上马、送一程”,继续做好易地搬迁后续扶持工作。脱贫攻坚阶段探索总结的“万企帮万村”、定点帮扶等经验在乡村振兴工作上要延续下去。原国家乡村振兴局副局长洪天云表示,做好易地扶贫搬迁工作重点是促进搬迁群众更充分稳定就业,推动后续产业可持续发展,加强基础设施建设和公共服务,构建开放融合的安置社区等方面。“就业是实现增收最重要的渠道,稳住了就业,就稳住了脱贫人口收入的基本盘。”原国家乡村振兴局副局长夏更生说,要通过稳定就业促进增收,今年我们确定了脱贫人口就业规模不少于3 000万的目标,从目前来看,采取外出务工和就地就近就业“双轮驱动”,进展相当顺利。他表示,广大农村特别是脱贫地区,发展潜力巨大,有许多增收致富的渠道和机遇,是创新创业的新天地。要不断改善农村创新创业的生态,鼓励能力强、有经营头脑、有创业意愿的脱贫人口通过创业增加收入。

到 2035 年，中国将基本实现社会主义现代化，乡村振兴取得决定性进展，农业农村现代化基本实现。那时的中国乡村，农业结构得到根本性改善，农民就业质量显著提高，相对贫困进一步缓解，共同富裕迈出坚实步伐。

第三节　聚焦农业国际交流　贡献中国农业智慧

近年来，我国农业国际交流与合作不断发展，农业对外开放水平不断提升，农业对外投资合作深入推进、农产品进出口稳定发展、农业国际影响力逐步提高，与重点国别、地区以及国际组织的农业多双边合作和科技交流也取得了较为显著的成效。通过“引进来”“走出去”相结合，充分利用“两个市场”“两种资源”，我国农业现代化进程进一步加快，在世界大舞台上扮演着越来越重要的角色，为世界农业贡献着力量。

一、引智引技，科技合作助力农业现代化

近年来，通过实施一批重大联合项目，我国引进了大量的农业种质资源、技术、农机装备、管理经验和智力资源，提高了农业生产效益，为推动产业升级奠定了基础。引进国外农业先进技术是实施创新驱动发展战略，缩小我国农业科技与国际先进水平差距，促进农业科技进步的一项长期任务。事实上，为尽快缩小我国农业科技与世界先进水平的差距，早在 1999 年我国就启动实施了“948”计划，引进国际先进农业科学技术。

据统计，截至 2015 年“948”计划已向 40 余个国家(地区)派出 1 576 名专家学习考察和开展合作研究，请进 1 253 名专家开展农业技术交流、合作研究与培训。引进动植物、微生物种质资源及优良品种 24 700 多份，先进及实用技术 1 000 余项，关键仪器设备 430 余台(套)。通过消化吸收再创新，共育成新品种 260 多个，取得专利技术和品种权 545 个，培养硕博人才近 2 100 人。经测算，国际合作使我国农业科技研发时间平均缩短 10～15 年，节约研发经费 30%～50%，引进的国际农、牧、渔业先进技术几乎囊括了农业产前、产中和产后加工的所有环节。

二、积极走出去，为世界农业发展贡献力量

在引资引智的同时，我国农业也在不断加大走出去的步伐和力度，农业对外投资合作进一步呈现出全方位、宽领域、多层次的格局。截至 2015 年底，农业对外投资存量超过 117.4 亿美元，在全球 85 个国家和地区设立农林牧渔类境外企业 1 300 多家，覆盖了种植、

林业、畜牧、渔业和相关服务业等各个行业以及生产、加工、仓储和物流等主要环节。农业走出去政策创设多点开花，农业走出去企业保费补贴试点和农机购置补贴境外延伸试点逐步启动。有关金融机构对于农业对外合作的支持不断增强，到2015年底中国进出口银行已向农业部推荐约90个农业对外合作贷款项目，累计批贷人民币230多亿元。通过加强顶层设计，初步构建农业走出去的规划体系、政策框架体系、信用评价体系、公共信息服务体系、人才队伍建设体系5大体系。

除对外投资，我国近年来还不断加强对发展中国家的农业技术和资金援助。自粮农组织1996年发起南南合作相关行动计划以来，我国积极推动项目有序实施，获得全球广泛肯定。截至2016年5月底，已启动23个“南南合作”项目，向非洲、亚洲、南太平洋、加勒比海等地区的26个国家派遣了1 040名农业专家和技术人员。2015年我国与世界粮食计划署起草了双方关于加强消除全球饥饿及促进发展伙伴关系的谅解备忘录，中国－世界粮食计划署南南合作培训班首次在华举办，全年为亚非国家培训农业技术与管理人员1 547人次，推广了一大批我国实用的农业技术与管理经验。

三、优化进出口结构，促进农产品贸易稳定健康发展

入世以来，我国农产品市场全面开放，农产品国际贸易进入了一个前所未有的快速发展阶段。农产品贸易总额增长5.7倍，我国已成为世界第三大农产品贸易国。

在农产品国际贸易中，我国通过统筹利用好两种资源、两个市场、两类规则，保障了农产品贸易稳定健康发展。一方面通过适度进口，调剂余缺，弥补国内产能不足；另一方面不断加大力度，支持有比较优势的农产品出口。据统计，2015年我国农产品出口额706.8亿美元，与“十一五”末相比增长了43.2%。出口品种结构进一步优化，特色农产品持续发挥竞争优势，与同期比较，水果、蔬菜、畜产品及水产品出口额分别增长58.1%、33.4%、24.0%及47.0%。

为了提升我国农产品在国际市场的知名度和影响力，农业农村部采取多种方式，统筹开展优势农产品营销促销，先后多次举办了国际渔业博览会、薯博会、国际种业博览会、农交会等精品展会。中国—东盟优质水果推介活动、中国—亚欧博览会优质水果推介活动等已经连续举办多届，推动我国水果销往东盟、中亚与欧洲国家。同时，通过整合境外展会参展资源，着力打造国家级农业展团。2015年，我国企业以国家展团形式参加了米兰世博会、韩国国际食品展、俄罗斯金秋展、布鲁塞尔全球国际水产展等世界知名展会，提升了国外消费者对我国农产品的认知度。

四、讲述中国故事，传播农业文化

福州芬芳的茉莉花茶，彩云之南迷人的哈尼梯田，生态和谐的稻鱼共生系统……这些珍贵的农业文化资源，如今都已入选“全球重要农业文化遗产”。着眼于人与自然的和谐，我国着力推动“全球重要农业文化遗产”工作水平，被联合国粮农组织誉为农业文化遗产保护的领军者。在已确定的全球重要农业文化遗产中，我国数量占 1/3 左右，正让越来越多的国家人民感受到我国农耕文化的魅力。

随着农业现代化水平的不断提升，我国农业的“软实力”也正在与日俱增。除了农业文化的魅力外，我国农业发展成就也多次获得国际社会的肯定和赞赏。2015 年，我国被授予完成世界粮食首脑会议目标的证书，与联合国粮农组织完成了 5 000 万美元信托基金合作总协定磋商，在联合国粮农组织、世界粮食计划署、世界动物卫生组织、国际农业研究磋商组织、二十国集团、金砖国家、亚太经合组织、上海合作组织等重要平台发挥了积极和建设性的作用。

同时，我国越来越重视国际标准的制定，不断提升国际涉农领域的影响力和话语权，成为国际农业规则制定者之一，通过参与三聚氰胺、莱克多巴胺、硫丹等一系列残留限量标准的制定，切实维护了相关产业的发展空间和良好的环境。

第四节　探索发展路径　引领农业发展

实现农业与人口、资源、环境以及经济社会条件的和谐发展，走可持续发展道路是中国现代农业发展的理性抉择和根本出路。当前我国正处于从传统农业向现代农业转变的关键时期，贯彻可持续发展理念，选择面向未来的中国特色现代农业发展之路具有重要意义。

一、重视人力资本培育

人力资本培育是现代农业可持续发展最重要的方面。人的知识、能力和健康等人力资本的提高，对经济增长的贡献远比物质资本和劳动力数量的增加重要。农民的技能和知识水平与其耕作的生产率之间存在着有力的正相关关系，而教育则是人力资本形成的主要途径。因此，中国农业可持续发展必须重视人力资本培育，通过发展农村教育，提高农民素质，培育新型农民。

一是提高农村义务教育的质量和水平。政府应从长远和战略的角度看待农村基础教育对于农民、农业和农村的影响，加大政府对义务教育的投入，设置符合农村发展需要的相关课程，培育年轻人对农村和农业的认同。应在课程设置和教学环节中紧密结合当地农业发展实际，突出区域经济发展特色，并相应增加劳动实践的内容。

二是大力发展农业职业教育。主要是大力发展农业职业技术学校。涉农院校可以提供比较系统、正规的培训和教育，通过定期或短期的集中学习，全面提高农业劳动者的科学文化素质和务农技能，以及在市场经济条件下的经营管理能力。并使有志于农业生产的新生劳动力获得从事农业生产的技能培训和资格认证，使农业生产告别传统的经验阶段，走向专业化和技术化，使农民成为持证上岗的现代新型农民。

三是继续加大对农民的科技培训，提高成年农民的务农技能以及科学种田和适应市场的能力。除进一步推动政府在农民科技培训方面发挥积极作用外，还应调动其他社会力量的积极性，加大农民科技培训的广度。

二、提升农业科技水平

改革现有农业科技投资体制，加强农业科学研究，强化农业科技推广，实现我国农业从传统经验型向现代知识科技型的转化，是可持续农业发展的重要支撑。

首先，必须增加农业科研投入，提高投资强度，保证农业科技经费的稳定增长与农业科研队伍的持续发展。其次，加强农业科学研究，增强现代农业发展实力。运用生物、遗传工程等生物技术，可以减少能源和资源的浪费，提高产量和质量；运用设施农业、节水农业、农产品加工、农业机械化等技术，可以降低劳动消耗，提高产量和价值量；运用精细施肥技术、农膜覆盖栽培技术等农业化学技术，可以提高劳动边际生产力；运用农业信息化技术，将作物栽培、饲养管理、病虫害监测预报，以及农业的各种环境、资源、灾害、科技、产品、价格等信息，通过计算机信息网络传达到农业生产经营主体手中，从而达到劳动与资本双节约的目的。最后，彻底扭转基层农技推广不力的被动局面。国家和地方要支持和引导县及县以下农业科技机构逐步发展成为独立核算的、综合性的技术开发、推广、服务经营实体，实行有偿服务，以增强农业科技推广工作的活力。

三、建立健全法律法规，加大政府执法力度

一是建立健全农业资源环境监测预警机制，加大对农业污染、资源环境承载力等监测力度；二是完善污染物排放的环境保护管理制度，建立健全重大环境污染事故责任追责制，提高违法行为的处罚力度；三是开展污染环境治理生态补偿试点，拨付生态补偿专项资金，并引入社会资本投入农业生态环境保护；四是充分发挥舆论监督作用，完善农业资源环境信息公开机制，健全信访举报机制，提高社会监督效果。

四、完善农业扶持政策，保证农业可持续发展

提高“三农”投入资金中关于资源保护、环境治理与生态恢复的比重；健全并完善现有补贴政策，扩大补贴范围，完善补贴方式，提升补贴精准度；落实土壤修复奖励政策，加大对土地质量建设投入资金力度，建立地力补偿机制；实施有机肥、加厚地膜补贴，积极探索低毒、低残留农药补贴及高效缓释肥补贴的可行性并及时推广。

【田野躬耕】

无人机施药

运用无人机进行植保作业具有人机分离、省水省药、作业效率高、不受地形限制等优点。坚持“预防为主、综合防治”的方针，做好病虫草害预测预报工作，科学用药，安全用药，提高防治效果。要求植保无人机符合 NY/T 3213—2018 标准，施药作业满足最大风速小于 3 m/s、气温 5～30 ℃、相对湿度高于 50% 等气象条件，熟悉作业标准，做好个人防护。

实践设计

一、实践场所

校外或校内实训基地。

二、材料与工具

植保无人机及其辅助设备、药剂、个人防护装备等。

三、注意事项

(1)作业前进行安全教育,未满18周岁和未经过专门培训的人员不得操作植保无人机。

(2)作业前对地块周边无关人员进行清场,并设置作业警戒线。

四、实践实施

1.分组讨论、制订计划

小组成员共同商讨制订劳动目标和计划,根据成员个人优势协商确定任务分工。

2.操作步骤

以小组为单位,小组成员辅助无人机操控员共同完成一次无人机施药作业过程。操作步骤见表4-1。根据学生数量进行分组,一般每组3~4人,由1人担任组长。

表4-1 无人机施药操作步骤

序号	具体步骤	操作及说明	劳动标准
1	无人机准备	在教师或无人机操控员的指导下,检查无人机及其辅助设备,包括零部件、组件状况,紧固件及其他连接部件连接状态,必要的燃油或电池储备情况,通信系统情况等	确保植保无人机状态达到施药作业要求
2	规划方案	进行田块测量,获取田块全局地理信息,包括障碍物分布、周边植物分布、环境要求等;考察病虫害发生情况、气候参数等,规划施药作业方案	使施药量、喷施幅度、飞行速度、喷施效率、飞行高度、最优航线等作业参数符合要求
3	药液配制	在教师指导下,根据作业区作物及病虫害情况、农药使用说明,确定农药品种、喷施浓度,现场配制药液	严格按照农药说明书规定用药,药液浓度符合要求
4	施药作业	完成无人机药液箱装载,进行农药喷施作业;注意观察无人机飞行位置、状态以及喷洒宽度、飞行高度、速度、距离等,出现异常状态及时做出相应处理	确保无人机距离农作物1~2 m。高精度、直线、低匀速飞行,保证不漏喷、不重喷
5	检修保养	对接触药液部位进行充分清洗;对运动部件涂润滑油,检查紧固螺丝;按照操作规程拆卸辅助设备,进行归类;对使用和未使用的电池做好区分和隔离,并按要求存放	无人机及其辅助设备能正常运行,并按要求归类整理、安全存储

续表 4-1

序号	具体步骤	操作及说明	劳动标准
6	整理清洁	对未喷施完的药液进行无害化处理;对未使用的药液做好安全储存工作;及时更换工作服,清洗裸露部位,并漱口;对农药包装物、个人防护装备等进行回收,妥善处理	妥善处置有毒有害物料,确保人身安全、环境安全

操作安全提醒:

①农药配制操作人员、植保无人机操控人员和辅助人员要穿戴个人防护装备。

②划定飞行区域,做好安全警戒,避免无关人员进入作业区域。

③无人机与现场人员保持 10 m 以上安全距离,严禁饮食、闲聊或接打电话。

④操控人员和辅助人员应站在上风及背对太阳的位置,或佩戴防眩目护目镜。

⑤更换电池、加注燃料和药液时,应切断动力电源,避免无人机意外启动。

实践评价

无人机施药实践结束之后,由组长组织小组进行讨论,充分听取大家的意见和建议,每人对自己的劳动态度、劳动质量、劳动结果进行自我评价,总结自己的劳动知识与技能、合作意识、沟通能力、创新意识、吃苦耐劳精神等方面的感悟,最后由教师进行总体评价,填入表 4-2 中。

表 4-2　无人机施药实践评价

劳动内容		
劳动评价	评价标准	得分
自我评价	提前查阅无人机机型特点、农药选择使用、无人机安全施药等相关资料(10 分)	
	提前做好施药准备,准时参加施药劳动(10 分)	
	全程参与无人机施药劳动,发挥了积极作用(10 分)	
	按照操作规程参加施药劳动(10 分)	
	达到无人机施药质量标准(10 分)	
	团队合作好,劳动效率高(10 分)	
	完成了无人机施药作业任务(10 分)	
	分工明确,合理调配资源(10 分)	
	对施药作业提出了可行性建议(10 分)	
劳动感悟		
教师评价		

填写人:__________

日期:________年______月______日

课后练习

1.1949—1977年属于农村(　　)阶段。

2.“(　　)是中国减贫理论和实践的重大创新,是中国打赢脱贫攻坚战的制胜法宝。”中央宣传部副部长、国务院新闻办公室主任徐麟在国新办新闻发布会上这样表示。

3.党的十五届三中全会(1995年)和党的十九大(2017年),均提出“农村土地承包到期后再延长(　　)年”。

4.1998年《中华人民共和国村民委员会组织法》正式颁布,标志着我国(　　)正式步入法治轨道。

5.2018年中央一号文件以(　　)为主题,明确了乡村振兴的重大意义和总体要求。

6.(　　)年是一个书写历史的时间坐标——在迎来中国共产党成立100周年的重要时刻,我们党在团结带领人民创造美好生活、实现共同富裕的道路上迈出了坚实的一大步。

7.2021年2月25日,习近平总书记在全国脱贫攻坚总结表彰大会上庄严宣告,脱贫攻坚战取得了全面胜利,中国完成了消除(　　)的艰巨任务。

8.农业发展新路径有(　　)、(　　)、(　　)、(　　)。

9.近年来,我国农业国际交流与合作不断发展,通过(　　)、(　　)相结合,充分利用“两个市场”“两种资源”,我国农业现代化进程进一步加快,也在世界大舞台上扮演着越来越重要的角色。

10.中国创造性地提出并实施的精准扶贫方略——做到(　　)。

下 篇

勇担乡村振兴使命

第五章　走近乡村振兴　绘就美好蓝图

学习目标

知识目标：了解乡村振兴战略的提出背景；熟悉乡村振兴的现实发展状况。

能力目标：增强对乡村振兴战略的认识；正确看待新时代实施乡村振兴战略的重大意义。

素养目标：增强乡村振兴的时代使命感；提升学生“学农、知农、为农”素养。

【课堂导入】

党的十八大以来，在以习近平同志为核心的党中央坚强领导下，我们党坚持把解决好“三农”问题作为全党工作的重中之重，持续加大强农惠农富农政策力度，扎实推进农业现代化和新农村建设，全面深化农村改革，农业农村发展取得了历史性成就，为党和国家事业全面开创新局面提供了重要支撑。我国粮食生产能力跨上新台阶，农业供给侧结构性改革迈出新步伐，农民收入持续增长，农村民生全面改善，脱贫攻坚战取得决定性进展，农村生态文明建设显著加强，农民获得感显著提升，农村社会稳定和谐。农业农村发展取得的重大成就和“三农”工作积累的丰富经验，为实施乡村振兴战略奠定了良好基础。党的十九大做出中国特色社会主义进入新时代的科学论断，提出实施乡村振兴战略的重大历史任务，是以习近平同志为核心的党中央着眼党和国家事业全局，深刻把握现代化建设规律和城乡关系变化特征，顺应亿万农民对美好生活的向往，对“三农”工作做出的重大决策部署，是决胜全面建成小康社会、全面建设社会主义现代化国家的重大历史任务，在我国“三农”发展进程中具有划时代的里程碑意义。

思考：你了解“乡村振兴战略”的内容吗？结合所学专业谈一谈作为新时代大学生如何学以致用，助力乡村振兴。

第一节 统筹城乡发展 实施乡村振兴

实施乡村振兴战略写入党章，是以习近平同志为核心的党中央着眼党和国家事业全局，深刻把握现代化建设规律和城乡关系变化特征，顺应亿万农民对美好生活的向往，对“三农”工作做出的重大决策部署，是决胜全面建成小康社会、全面建设社会主义现代化国家的重大历史任务，是新时代做好“三农”工作的总抓手。2019年《国务院政府工作报告》强调：“坚持农业农村优先发展，加强脱贫攻坚与乡村振兴统筹衔接，确保如期实现脱贫攻坚目标、农民生活达到全面小康水平。”乡村是具有自然、社会、经济特征的地域综合体，兼具生产、生活、生态、文化等多重功能，与城镇互促互进、共生共存，共同构成人类活动的主要空间。乡村兴则国家兴，乡村衰则国家衰。当前我国农业农村基础差、底子薄、发展滞后的状况尚未根本改变，经济社会发展中最明显的短板在“三农”。决胜全面建成小康社会和全面建成社会主义现代化强国，最薄弱最关键环节在农村，最艰巨最繁重的任务在农村，最广泛最深厚的基础在农村，最大的潜力和后劲也在农村。

一、新时代实施乡村振兴战略的重大意义

在中国特色社会主义新时代，乡村是一个可以大有作为的广阔天地，迎来了难得的发展机遇。必须立足国情农情，切实增强责任感、使命感、紧迫感，举全党全国全社会之力，以更大的决心、更明确的目标、更有力的举措，推动农业全面升级、农村全面进步、农民全面发展，谱写新时代乡村全面振兴新篇章。

（一）乡村振兴对我国全面建成社会主义强国的影响

乡村振兴是全面建成社会主义现代化强国的必然要求。《习近平关于“三农”工作论述摘编》一书中提到，农业强不强、农村美不美、农民富不富，决定着全面建成小康社会的成色和社会主义现代化的质量。乡村振兴战略，作为与科教兴国战略、人才强国战略、创新驱动发展战略、区域协调发展战略、可持续发展战略、军民融合发展战略并列的党和国家未来发展的国家战略，是关系全局性、长远性、前瞻性的国家总布局，是国家发展的核心和关键问题，是关系到我国是否能从根本上解决城乡差别、乡村发展不平衡不充分的问题，更关系到中国整体发展是否均衡，是否能实现城乡统筹、农业一体的可持续发展的问题。农村经济的蓬勃发展是我国经济整体发展的飞跃点，是经济建设的力量源泉，是政治建设的群众基础，是文化建设的主要表现，是社会建设的组成部分，是生态文明建设的重要体现。乡村振

兴是社会主义现代化建设不可缺少的一部分，社会主义现代化强国的实现，不仅要靠工业和城市的现代化，也包括农业农村现代化，没有农业农村现代化，国家现代化就不完整、不全面、不牢固，探索乡村振兴道路是建设社会主义现代化强国的必然选择。

（二）乡村振兴对维护社会秩序、繁荣社会经济的重要性

习近平总书记指出：全面建成小康社会，最艰巨最繁重的任务在农村，特别是农村贫困地区。没有农村的小康，特别是没有贫困地区的小康，就没有全面建成小康社会。农业农村农民问题是关系国计民生的根本性问题，必须始终把解决好“三农”问题作为全党工作重中之重。只有实施乡村振兴战略，把“三农”问题彻底解决好，才能为全面建成小康社会补齐短板。只有让包括广大农村地区特别是贫苦落后地区农村的所有人共享经济社会发展的繁荣成果，实现城乡协同发展，才是真正意义上的实现小康。乡村振兴战略适应我国发展的阶段性特征和中国特色社会主义进入新时代的历史要求，推动建立以城带乡、整体推进、城乡一体、均衡发展的义务教育发展机制，健全覆盖城乡的公共就业服务体系，推动城乡基础设施互联互通，完善统一的城乡居民基本医疗保险制度和大病保险制度等，不断提高城乡基本公共服务均等化水平，不断增强乡村居民的幸福感和获得感，为维护社会秩序、繁荣社会经济提供有力的支撑。

（三）乡村振兴为人民生活水平提高带来新的希望

实施乡村振兴战略是实现全体人民共同富裕的必然选择。中国特色社会主义进入新时代，中国社会主要矛盾的“历史性变化”对中国将来的发展提出了新要求、新指引。在新的历史时期，必须坚持以人民为中心的发展思想，不断促进人的全面发展、全体人民共同富裕。我国有 5 000 多年的悠久历史，乡村是中华民族传统文明的发源地，在经济社会发展中一直占有重要地位，乡村的富庶是盛世历史的重要标志。我国城镇化水平不高、农村人口总量庞大的现实国情决定了没有农业农村现代化，就不会有国家的现代化，也不可能实现全体人民共同富裕的社会主义本质目标。乡村振兴，生活富裕是根本。实施乡村振兴战略，不断拓宽农民增收渠道，全面改善农村生产生活条件，促进社会公平正义，有利于增进农民福祉，让亿万农民走上共同富裕的道路，汇聚起建设社会主义现代化强国的磅礴力量。

（四）乡村振兴对乡村文化传承与繁荣的重大意义

党的十九大报告把乡村振兴战略作为党和国家重大战略，这是基于我国社会现阶段发展的实际需要而确定的，是符合我国全面实现小康，迈向社会主义现代化强国的需要而明确的，是中国特色社会主义建设进入新时代的客观要求。乡村不发展，中国就不可能真正

发展;乡村社会不实现小康,中国社会就不可能全面实现小康;乡土文化得不到重构与弘扬,中华优秀传统文化就不可能得到真正的弘扬。只有立足乡村文明,汲取城市文明及外来文化优秀成果,在保护传承的基础上,创造性转化、创新性发展,不断赋予时代内涵、丰富表现形式,才能为增强文化自信提供优质载体。只有推动城乡公共文化服务体系融合发展,增加优秀乡村文化产品和服务供给,活跃繁荣农村文化市场,才能为广大农民提供高质量的精神营养。

二、乡村振兴的核心内容

(一)产业兴旺

产业兴旺,是农业生产发展的根本问题。坚持质量兴农、绿色兴农,构建现代农业产业体系、生产体系、经营体系,提高农业创新力、竞争力和全要素生产率。

乡村振兴,产业兴旺是前提。必须坚持质量兴农、绿色兴农,以农业供给侧结构性改革为主线,加快构建现代农业产业体系、生产体系、经营体系,提高农业创新力、竞争力和全要素生产率,加快实现由农业大国向农业强国转变。乡村产业兴旺发展的终极目标,终究要回到"人"的身上,即把产业发展落实到提高农村民生保障水平、不断提升农民群众生活质量上来,这是"让广大人民群众共享改革发展成果"理念的具体体现。作为乡村振兴的物质基础,产业兴旺发展既是支撑乡村振兴的源头,更是引领乡村振兴的潮头。只有产业振兴,农业才能为经济高质量发展做出更高水平的产品、市场、要素和外汇贡献,实现"农业强"的基本目标;只有产业兴旺,才能增强乡村吸引力,促进资本、人才等各类要素向乡村聚集,不断夯实"农村美"的物质基础;只有产业发展,才能激活经济,富裕农民,繁荣乡村,"农民富"的根本目标才会得以实现。

(二)生态宜居

生态宜居,就是农村生态建设的问题。良好生态环境是农村最大优势和宝贵财富。推动乡村自然资本加快增值,实现百姓富、生态美的统一。

乡村振兴,生态宜居是关键。农业是生态产品的重要供给者,乡村是生态涵养的主体区,生态是乡村最大的发展优势,良好生态环境是农村最大优势和宝贵财富。近年来,农业生态环境保护扎实推进,绿色发展理念日益深入人心,制度的"四梁八柱"已经构建,一批样板模式显现出来,农业发展方式更健康了。农业农村污染治理攻坚战作为污染防治攻坚战七大标志性战役之一,农业农村部更是提出了"一控两减三基本"的目标任务:到 2020 年实现农业用水总量控制,化肥、农药使用量减少,畜禽粪便、秸秆、地膜基本资源化利用。这些都为建设生态宜居美丽乡村奠定了坚实基础。实施乡村振兴战略,必须尊重自然、顺应自然、保护自然,统筹山水林田湖草系统治理,加快推行乡村绿色发展方式,加强农村人居环境整治,建立市场化多元化生态补偿机制,增加农业生态产品和服务供给,推动乡村自然资本加快增值,实现百姓富、生态美的统一,构建人与自然和谐共生的乡村发展新格局。

(三)乡风文明

乡风文明,是农民精神面貌的问题。提升农民精神风貌,培育文明乡风、良好家风、淳朴民风,不断提高乡村社会文明程度。乡村振兴,乡风文明是灵魂。在乡村振兴战略五个方面的总体要求中,乡风文明有着至关重要的作用。首先,乡风文明能够有效吸引城市要素资源向乡村转移,进而促进产业兴旺。其次,乡风文明为美丽乡村建设提供优良的人文环境,实现生态宜居。再次,乡风文明是治理有效的重要条件和成效体现。最后,乡风文明是生活富裕的重要内涵,生活富裕不仅体现在物质生活的提升,也体现在包括乡风文明在内的精神生活的丰富。乡村振兴需要乡风文明,乡风文明是乡村振兴战略的重要组成部分,是乡村振兴的"魂",实施乡村振兴战略,必须高度重视乡风文明建设。只有把乡村振兴与乡风文明建设有机结合起来,二者相向而行、良性互动、互相促进,才会深化乡村振兴内涵,增强乡村振兴的动力和活力,乡村振兴战略的实施才会稳步推进。必须坚持物质文明和精神文明一起抓,提升农民精神风貌,培育文明乡风、良好家风、淳朴民风,不断提高乡村社会文明程度,从而在新时代焕发出乡风文明的新气象,进一步丰富和传承中华优秀传统文化。

(四)治理有效

治理有效,就是解决农村社会治理的问题。依靠基层党组织建设,坚持自治、法治、德治相结合,确保乡村社会充满活力、和谐有序。乡村振兴,治理有效是保障。社会治理的基础在基层,薄弱环节在乡村。实施乡村振兴战略,加强农村基层基础工作,健全乡村治理体系,确保广大农民安居乐业、农村社会安定有序,有利于打造共建、共治、共享的现代社会治理格局,推进国家治理体系和治理能力现代化。改革开放以来,伴随我国新型工业信息化、城镇化、农业现代化快速发展,乡村社会正在经历极其重大的社会转型过程。青年劳动力人口以农民工的身份大量流动到城镇与城市,加速乡村人口的老龄化进程;乡村社会的成员结构发生变化,在传统农民之外,新型职业农民、农民工、农业企业主、个体户等群体日益壮大。在这种情况下,原有乡村治理体系中的某些成分,已难以适应社会变化的要求。因此,在中国特色社会主义新时代,实施乡村振兴战略,必须进一步深化改革,从社会治理角度进行强有力的制度建设。因此,必须把夯实基层基础作为固本之策,建立健全党委领导、政府负责、社会协同、公众参与、法治保障的现代乡村社会治理体制，坚持自治、法治、德治相结合，确保乡村社会充满活力、和谐有序。

（五）生活富裕

生活富裕，就是农民生活状态的问题。2017 年 12 月 29 日，中央农村工作会议首次提出走中国特色社会主义乡村振兴道路，让农业成为有奔头的产业，让农民成为有吸引力的职业，让农村成为安居乐业的美丽家园。生活富裕是根本。农业强不强、农村美不美、农民富不富，关乎亿万农民的获得感、幸福感、安全感，关乎全面建成小康社会全局。实施乡村振兴战略，不断拓宽农民增收渠道，全面改善农村生产生活条件，促进社会公平正义，有利于增进农民福祉，让亿万农民走上共同富裕的道路，汇聚起建设社会主义现代化强国的磅礴力量。中国要强农业必须强，中国要美农村必须美，中国要富农民必须富。让农民有持续稳定的收入来源，经济宽裕，衣食无忧，生活便利，共同富裕，是实施乡村振兴战略的目标，是建立和谐社会的根本要求。要坚持人人尽责、人人享有，按照抓重点、补短板、强弱项的要求，围绕农民群众最关心、最直接、最现实的利益问题，一件事情接着一件事情办，一年接着一年干，把乡村建设成为幸福美丽新家园。产业兴旺是前提，生态宜居是关键，乡风文明是灵魂，治理有效是保障，生活富裕是根本。这五个方面是相互作用、相互依存的关系。“产业兴旺”是乡村振兴的经济基础。“产业兴旺”不能局限于一产农业的发展，而应着眼于接二连三、一二三产业融合、功能多样的现代农业产业的发展与兴旺，体现现代农业三大体系，即产业体系、生产体系、经营体系有机结合的产业发展与兴旺。“生态宜居”是乡村振兴的环境基础。宜居的生态环境不仅是针对乡村百姓的宜居，而且也应是对城市居民开放、城乡互通的“生态宜居”。“乡风文明”是乡村振兴的文化基础。“乡风文明”既应该是蕴含具有明显中国特色历史传承的乡村农耕文明，又应该是能够体现具有现代工业化、城乡一体化发展和特征的现代文明。也就是说，是传统文明和现代文明相互融合与发展的“乡风文明”。“治理有效”是乡村振兴的社会基础。乡村的“治理有效”是国家治理体系现代化和“善治”的必然要求，它应该既体现治理手段的多元化和刚柔相济，即法治、德治、自治的“三治合一”；又体现治理效果能为广大群众所接受和满意，并且具有可持续性和低成本性。“生活富裕”是乡村振兴的民生目标。具体而言，就是要消除乡村贫困，持续增加乡村居民收入，同时缩小城乡居民在收入和公共保障方面的差距，实现乡村人口全面小康基础上的“生活富裕”。

乡村振兴战略的产业兴旺、生态宜居、乡风文明、治理有效及生活富裕“二十字”方针所体现的五大具体目标是相互联系的有机体。因此，不仅要科学把握这“二十字”方针的具体内涵，还要科学把握这“二十字”方针五大目标的相互关系：在乡村振兴战略的推进过程中，要把实现百姓“生活富裕”作为乡村振兴的根本目标；要把“治理有效”与“乡风文明”建设有机结合，通过“治理有效”促进“乡风文明”建设，通过“乡风文明”建设提高“德治”水平，实现“三治合一”的乡村“善治”格局；要把“产业兴旺”与“生态宜居”有机结合，使“生态宜居”既成为“生活富裕”的重要特征，又成为“产业兴旺”的重要标志。这是因为，乡村的“产业兴旺”是体现一二三产业融合和功能多样的“产业兴旺”，其中乡村的休闲旅游和康养产业发展，无疑要以“生态宜居”为基础和前提。这“二十字”方针是既相对独立又相互作用、相互依存、相互配合的有机整体，必须全面把握，才能实现乡村全面振兴。

【耕读学堂】

山东青州：文化振兴为乡村振兴“铸魂”

山东省青州市坚持“文化是一座城市的灵魂”理念，全面打响“文化青州”品牌，不断夯实乡村文化基础，挖掘乡村文化内涵，培植壮大乡村文化产业，以文化振兴带动乡村振兴。

为活跃城乡群众文化生活，不断满足基层人民对美好生活的需求，青州市财政每年拿出600万元，以“政府买服务”的形式，组织开展“千场大戏进乡村”“精品大戏惠民行”等文化惠民演出，让老百姓在家门口，就能享受高水平的文艺演出。民间演出和专业团队演出相结合，青州市群众性文化活动遍地开花。“快乐星期六”“百姓大舞台”等群众唱主角的民间演出活动长年不断，广场舞、秧歌队、大合唱齐上阵，让乡村之夜充满浓郁的文化气息。一桩桩、一件件，红红火火的文化盛事，诠释着“文化青州”的独特魅力。

2014年，青州市农民画渐渐兴起，有绘画功底的张子龙抓住市里扶持机会，积极参与各项培训和绘制工作，绘画水平快速提升，还成立了沃华农民画文化发展有限公司，钱袋子越来越鼓。

为了拉长书画产业链条，带动乡村文化发展和致富增收，该市多层次、多形式培训农民画人才，形成“一月一培训”“一镇一培训”“以点带线、由线及面”阶梯式培训模式，为农民画产业的发展奠定基础。同时紧密结合市场需求，将农民画向产业化发展延伸，以农民画文化为依托的衍生品、合作社、文化公司、旅游景点等市场得到挖掘和快速发展，进一步深化和激发了农民画活力。目前，青州市农民画从业人员达3万余人，年创作农民画5万余幅，经济效益达2.5亿元，增加了农民收入，丰富了农村文化生活。

该市还不断加强基层综合性文化设施建设，促进公共文化服务标准化均等化，基层公共文化服务水平全面提升。先后投资8 000万元建设新图书馆，投资4 000万元建设新文化馆，投资1.5亿元完成云门剧院提升改造，青州市图书馆、文化馆均被评为国家一级馆，并免费向市民开放。大力倡导全民读书活动，积极争创“全国书香城市”。同时积极推动相关镇街道加强公共文化服务体系建设，全市 1 054 个村（社区）全部建起了综合文化服务中心，每个综合文化服务中心都设置了图书阅览室、文艺活动室、科普室等，为辖区居民提供公共文化服务，打通公共文化服务的“最后一公里”。

乡村发展需要文化引领。青州在优秀传统文化中深挖“孝德文化”，响亮地提出“以孝治村”，不仅划出了“硬杠杠”，还通过全方位的社会舆论弘扬孝德。“老人住正房、日常赡养、医疗费保证、感恩父母、精神慰藉”五条孝行标准得到群众广泛认可，实现了宣传教育、孝德文化、评选表彰和孝道实践全覆盖，遵守社会公德、恪守职业道德、弘扬家庭美德、锤炼个人品德蔚然成风，汇聚起推动乡村振兴的强大精神支撑的道德引领作用。

第二节　助力乡村振兴　共建美好家园

习近平总书记在党的十九大报告中首次提出实施乡村振兴战略，并且把乡村振兴战略确定为决胜全面建成小康社会和建设社会主义现代化强国的一项重大战略任务。目前，农村仍然是社会主义现代化建设的短板，农业基础设施落后，医疗教育卫生事业发展滞后等问题仍旧突出。因此，加快推进农村各项事业建设，实施乡村振兴战略是顺应潮流，与时俱进的重大举措。在新的历史条件下，农业院校学生应勇担时代使命，勤于学习、勇于担当、敢于创新、乐于奉献，努力在乡村振兴战略中发挥自己的优势和特长，在农村基层工作中奉献自己的青春和活力。不仅如此，涉农专业学生更应该在农村广阔的舞台上大展拳脚、历练人生、服务社会，以自己的激情和热情奏响无愧于时代、无悔于青春、无憾于使命的激昂乐章。

一、坚定理想信念，勇做新时代的“弄潮儿”

作为新时代的涉农专业大学生，必须牢固树立崇高的共产主义理想信念，认真贯彻落实党的十九大精神和习近平新时代中国特色社会主义思想，准确把握乡村振兴战略的丰富内涵、精神实质、基本要求，努力把乡村振兴战略理论知识转化为推进现代化建设的真挚情怀，转化为推进科学发展的过硬本领，转化为提高做事水平的自觉行动。如今，乡村振兴战略全面开局，乡村振兴的嘹亮号角已经吹响，正是有理想、有本领、有眼界的青年人大展拳脚，建功立业的时候。“时代楷模”廖俊波同志为官一方，脚下有泥土，心间有真情，身体力行把党的方针政策落实到基层和群众中去；“时代先锋”秦玥飞放弃国外优渥的工资待遇，回到乡村，带领乡亲们脱贫致富；一批批青年教师支教乡村，为闭塞的乡村带来读书声；一批批大学生回到基层，为乡村振兴带来新鲜血液。任何一个时代，青年都是最具有活力和富有责任担当的群体，青年强则国强，青年富则国富。当代青年正生逢最伟大的时代，应当勇担重任，志存高远，积极为国家和民族的发展事业做出新的更大贡献，在奋斗中释放出具有时代价值的青春激情。

二、发扬艰苦奋斗精神，善做农业知识的“收割机”

农业现代化，关键是农业科技现代化。要加强农业与科技融合，加强农业科技创新，农业人才要把论文写在田间地头，让农民用最好的技术种出最好的粮食，不断为促进乡村全面振兴、实现农业农村现代化创造有利条件。作为社会主义新青年，必须要有舍我其谁、迎难而上的勇猛斗志，增强责任感和使命感，发扬艰苦奋斗精神，不断夯实自身理论知识，提高综合能力素质，掌握最新知识和技能，成为懂农村、爱农业、促发展的“三农”人才，促进农村的振兴和发展。

青春之所以光芒万丈，绚烂辉煌，是因为其有着无穷向上的力量。每一个年轻生命的成长都离不开知识的滋养，每一个梦想的实现都离不开知识的沉淀。青春是人生最美丽的年华，是最值得珍惜的青葱岁月，而只有经过书香沉淀的青春才是绚丽的青春，只有历经奋斗拼搏的青春才是无悔的青春，只有经历磨炼的青春才是通往梦想的青春。广大涉农专业青年学子要发扬艰苦奋斗精神，善做农业知识的“收割机”。

三、发扬实干精神，勇做乡村振兴的“践行者”

涉农专业大学生在乡村振兴战略的实施中发挥着不可替代的重要作用。要时刻牢记大学生的职责，积极投身农村各项工作中，立足农村工作实际，勤动脑、多思考，努力做到知民情、晓民意、解民忧。

涉农专业大学生应始终将科技兴农视为己任，扎根沃土，根植农村，在脱贫攻坚胜利结束、乡村振兴战略全面推进之时，牢牢把握习近平总书记系列讲话中关于精准扶贫、乡村振兴的时代内涵，不断展现青春作为，充分发挥自己的创新优势，勇于破解农村基层的沉疴积弊，用实实在在的工作成效体现自己的个人价值、社会价值和人生价值。要有“同呼吸共命运”的精神，把个人的理想追求融入乡村振兴的伟大实践之中，把个人的职业发展与乡村振兴紧密结合起来，以真抓实干贯彻落实乡村振兴战略，争做建设美丽乡村的实践者、见证者、参与者。

助力乡村振兴战略，善做理论政策的“宣传员”。作为涉农专业大学生，必须把宣传乡村振兴战略作为自己的本职工作，不搞形式主义，不走过场，努力当好理论政策的“宣传员”。大学生要充分发挥自己有知识、有文化、理解快的特点，在学懂弄通乡村振兴战略理论的基础上，把乡村振兴战略的总体要求、具体内容、重要意义通过灵活多变的形式进行宣传。一方面，通过乡村宣传栏、文化墙、宣传标语、大喇叭、手机短信等传统方式，把乡村振兴战略的知识解读到位，将乡村振兴战略的精神宣传到位。大学生还必须要走村串巷、深入田间地头，用通俗易懂的语言和鲜活的事例，向村民解读乡村振兴战略相关知识，努力营造良好的宣传氛围。另一方面，通过农村网络远程教育、微信公众号、微信群、QQ 群等现代传播工具，不断扩大宣传覆盖面，切实提高宣传成效。通过不断宣传，层层展开，辐射村民，确保乡村振兴战略的宣传工作全覆盖、零遗漏、好效果。

助力乡村振兴战略，争做村民致富的“助推器”。乡村振兴战略为农村经济发展指明了道路，涉农高校学生应树立扎根基层、服务基层、奉献基层的使命感，争做村民致富的“助推器”。一方面，要分析当地的地域情况，调查当地的农业特点、气候条件和劳动人口，结合当地实际情况做好农村新技术的引进，农村新品种的培育工作，并且积极配合村两委加大农田水利工程修建、积极拓展农产品市场，广开销售渠道和途径，努力提升村民的收入水平。另一方面，充分发挥大学生懂网络、思路新、脑子活的优势，把创新的思维方法始终贯穿于农村工作中，积极探索新型农业经营模式和现代化农业发展方式，注重运用新时代“互联网＋”思维，充分发挥物联网、云计算、大数据、移动互联等现代信息技术的优势，推动农村全产业链改造升级，提高农业质量效益和竞争力，促进村民持续增收。

【耕读榜样】

点燃青春火焰　无悔奉献西部

李书然，山东畜牧兽医职业学院 2012 届毕业生。在校期间担任院广播电台副台长，曾获“社团优秀负责人”“优秀团员”等荣誉称号。目前在新疆生产建设兵团一〇四团工会机关任职。

2012 年 6 月，在山东畜牧兽医职业学院团委的组织下，他光荣地参加了大学生西部计划。初至兵团时，他关心其他同志，积极参加兵团团委组织的迎新晚会、踊跃代表新志愿者发言，获得了各级领导的认可，被十二师团委书记称作“2012 届最优秀志愿者”。同年 7 月被分配至一〇四团团委，负责青年专项工作；满怀援疆热血的他不愿意从事安逸舒适的办公室工作，主动请缨远赴边远贫困的牧区工作。在他的执意请求下，一〇四团团委批准其请求，同意他到一〇四团牧一场，配合牧场恰依扎·阿布力孜书记做党政工作，并协助兽医技术员恒巴特做好兽医工作。工作的这段时间里，李书然主动融入哈萨克游牧民族的生活中，努力学习哈萨克语言，真诚对待哈萨克族朋友，为职工群众办实事。在一〇四团党委开展的“面对面、心贴心、实打实”服务职工群众在基层活动中，他始终以干部身份要求自己，为民办事，毫不懈怠，用实际行动履行了一个大学生志愿者的职责，得到了牧场领导的充分肯定。

在 2013 年 4 月的春季防疫中，他严格按照场党支部的要求，与师父恒巴特分开进行防疫工作。这个季节，山中天气多变，因为哈萨克族职工的居住方式有较为分散的特点，户户相距几公里远，他作为一个在沿海城市长大的孩子，对马的习性不是很熟悉，于是放弃骑马，改为骑摩托车的方式挨家挨户进行防疫工作。第二天上午，原本晴朗的天空顿时乌云密布，下起了小雨。本来因为山上较冷而多穿的衣服被雨打湿之后一下子变成了累赘，山中冷风肆意，对于一个青少年来说，确实是从未体验过的艰辛。尽管面临挑战，但他心中志愿者的奉献火焰却从没冷却过，为了按时完成防疫工作仍继续奔走于牧民的放牧点。因为路滑，骑摩托车摔了不知多少次，腿上划开了一条约 10 cm 长的伤口。到了牧民家里，牧民像对待自己孩子一样，为他包扎，给他送来了热腾腾的奶茶和羊肉。牧民的朴实同样感动着他，让他更加坚定了服务职工群众的决心，而李书然勤恳的工作态度，牧场领导看在眼里，记在心底。

2013 年底考核时，李书然服从党组织安排，配合书记整理好各类工作台账，并在半年考核中取得了全团第二名的好成绩，受到了团领导的褒奖。因为工作的认真、出色，在牧场工作的这段时间里，他曾两次被借调到一〇四团团委，但是由于他的执着，又两次"逃回"牧场。2013 年 7 月，一〇四团党委常委、副政委亲自把他借调到一〇四团工会机关，担任办公室主办科员。同年 12 月，经团党委讨论决定，结束李书然服务期，留用其为正式干部。

在工会办公室工作期间，李书然热心帮助同事，服从领导，充分发挥自己在文艺、电脑、文字上的优势，成为办公室领导眼中的"大拿"。2013 年底由他负责的"一〇四团工会职工自营经济统计、分析报告"工作获得了十二师工会系统一等奖，受到了十二师工会领导的表扬；由他参与编写的一〇四团大力发展自营经济，鼓励职工多元增收的稿件被兵团登载宣传。

工作中，李书然积极向党组织靠拢，向党组织递交入党申请书。虽然还不是党员，但他始终以一名党员的身份要求自己，追寻党的先进性，认真做好每一项工作。如今，党的群众路线教育实践活动正在如火如荼地进行中，大家时常要忙到凌晨三四点，但他从未抱怨过累。用他的话说："累，不是一个人累，全团上下，从政委到科长大家都很累，但为了更好地查找自身的缺点，更好地服务职工群众，再苦再累都是一名干部该做的。"

李书然身体力行地践行"终身学习"的理念，工作再忙再累，个人从未放弃过学习，自来到新疆，他就在准备公务员考试，2013 年底，他成功被伊犁那拉提镇畜牧兽医站录取，但因家人认为该地位置偏远，劝他放弃就职，在一〇四团安心工作。除此之外，他又报了十二师电大专升本培训班，在 2014 年 7 月份毕业。毕业后又在为报考石河子大学动物医学研究生而努力复习。

对于李书然而言，两年时间他成功实现了从懵懂学生到成熟社会工作者的转型。相信无论身份发生了何等转变，他都始终会把服务西部、奉献青春谨记于心，为新疆的社会和谐稳定、经济稳步发展付出自己的微薄之力。

【田野躬耕】

农垦模拟

“纸上得来终觉浅，绝知此事要躬行。”耕读修身启智慧，研学旅行在践行。如今对学生的培养越来越注重劳动教育，农业活动是农耕社会最重要的劳动，是社会的基石和人类得以繁衍生息的基础。涉农专业大学生要结合自身所学专业积极探索农业、农村、农民的关系，要深刻认识到，要想实现中华民族伟大复兴，要认识到全面建成小康社会最艰难最繁重的任务在农村，要争做懂农业爱农村的新型农民，为农村发展贡献自己的力量。请查阅相关资料，选择本地区的一个村庄，联系相关人员，组织一次主题为“农垦模式——体验劳动之乐”的实践活动，深入农村，了解农业劳动。

1. 以小组为单位自行选择农垦项目并完成活动。

2. 活动过程要拍摄视频或照片作为记录。

3. 小组讨论后得出相关结论，推选本组的发言代表，完成农垦体验并记入表 5-1 中。

表 5-1　农垦体验记录表

组　名		小组代表	
小组成员			
活动开展计划			
活动过程			
心得体会			

课后练习

1. 党的十八大以来，在以习近平同志为核心的党中央坚强领导下，我们党坚持把解决好(　　)问题作为全党工作的重中之重。

2. 决胜全面建成小康社会和全面建成社会主义现代化强国中，最薄弱、最关键环节在(　　)，最艰巨最繁重的任务在(　　)，最广泛最深厚的基础在(　　)，最大的潜力和后劲也在(　　)。

3. (　　)是全面建成社会主义现代化强国的必然要求。

4. 乡村振兴的核心内容是(　　)、(　　)、(　　)、(　　)、(　　)。

5. 良好(　　)是农村最大优势和宝贵财富。

6.（　　）是乡村振兴战略的重要组成部分，是乡村振兴之“魂”，实施乡村振兴战略，必须高度重视（　　）建设。

7.大学生助力乡村振兴应（　　）、（　　）、（　　）。

8.农业现代化，关键是农业（　　）现代化。

9.涉农专业大学生应始终将（　　）视为己任，怀着扎根沃土，根植农村的心情，在脱贫攻坚胜利结束、乡村振兴战略全面推进之时，牢牢把握习近平总书记系列讲话中关于精准扶贫、乡村振兴的时代内涵，不断展现青春作为，充分发挥自己的创新优势。

10.充分发挥大学生懂网络、思路新、脑子活的优势，把创新的思维方法始终贯穿于农村工作中，积极探索新型农业经营模式和现代化农业发展方式，注重运用新时代（　　），（　　）、（　　）、（　　）、（　　）优势，推动农村全产业链改造升级，提高农业质量效益和竞争力，促进村民持续增收。

第六章　培育职业农民　体验农事劳动

学习目标

知识目标：深入了解劳动、农业劳动的内涵；理解职业农民的概念，以及体验农事劳动。

能力目标：通过对职业农民的学习和农事劳动体验，培养劳动精神。

素养目标：传承农业精神，践行以农报国。

【课堂导入】

中国古代以农立国

中国古代以农业立国，农业讲究时令节气，春种、夏长、秋收、冬藏，一概以时令为转移。春季播种之前，要耕耘土地。

立春过后，春耕即将开始，由于各地环境和自然条件的不同，寓意春耕生产传统习俗的方式和时间也有所不同。

春雷阵阵，细雨蒙蒙，草木新生，村童雨牧，农民播下种子，也播下了一年的希望。

我国自古就非常重视春耕，文学作品中也有很多描绘春耕劳作的诗词。

姚鼐的《山行》，是一幅繁忙热闹的春耕图：

布谷飞飞劝早耕，春锄扑扑趁初晴。

千层石树通行路，一带山田放水声。

韦应物在《观田家诗》中曰：

微雨众卉新，一雷惊蛰始，

田家几日闲，耕种从此起。

苏轼在《新城道中二首》中曰：

野桃含笑竹篱短，溪柳自摇沙水清。

西崦人家应最乐，煮芹烧笋饷春耕。

春天，是一年的开始，作为一整年的希望，从古延续至今。

思考：请同学们谈谈自己要怎样践行以农报国。

第一节　认识农业劳动　丰富实践形式

一、劳动的概述

恩格斯在《劳动在从猿到人转变过程中的作用》一文中指出，“在一定意义上说，‘劳动创造了人本身’”。所谓劳动是指人们运用一定的生产工具，作用于劳动对象，创造物质财富和精神财富的有目的的活动。劳动是人类社会存在和发展的最基本条件，劳动在人类形成过程中，起着决定性的作用。人类的祖先也是经过长期劳动才变成为能制造工具的人。

二、农业劳动的概述

农业劳动是农业生产过程中，劳动力的使用和消费。它是人们直接、间接从事农、林、牧、副、渔业生产，创造使用价值的具体劳动。农业劳动过程是人类按照一定的经济目的，以自身的活动来引起、调节和控制生物有机体（植物、动物、微生物）生长、发育、繁殖的过程。同时，农业劳动过程也是人类对农业的社会再生产进行组织、控制和调节的过程。在农业劳动过程中，既有直接从事农副产品生产的劳动，又有紧密围绕生产需要，改善农业生产条件和进行农业社会化服务的劳动；既有直接从事各项生产活动的体力劳动，又有与直接生产活动有密切关系的科技、管理方面的脑力劳动，农业生产成果，正是各种不同劳动的综合成果。

三、农业生产的分类

农业生产指种植农作物的生产活动，包括粮、棉、稻、麻、丝、茶、糖、案、药、杂（指其他经济作物、绿肥作物、饲养作物和其他农作物）等农作物的生产。动植物的不同地域分布，以及自然条件、社会经济条件的地域差异，形成了多种农业地域类型，如热带雨林迁徙农业、商品谷物农业、乳畜业等。

按投入多少分类：如果投入的生产资料或者劳动力较少，扩大土地面积成为增加农业产出的主要手段，这样的农业称为粗放农业。粗放农业一般分布在地广人稀、自然条件较为恶劣、生产力水平低下的地区。如果投入的生产资料或者劳动力较多，用提高单位面积产量的方法来增加农业的产出，这样的农业称为密集农业。现代世界的农业主要是劳动密集型的。随着现代科技的发展，蔬菜、花卉、养猪、养禽等农业生产活动，出现了技术和资金密集的工厂化生产的情况，并发展迅速。

按产品用途分类：如果农民生产的产品，大多数甚至全部供自己及家庭享用，这样的农业称为自给农业。自给农业主要分布在发展中国家，绝大多数主要是为了解决自己及家庭成员的食品供应，同时也生产少量其他产品，如蔬菜等，供日常生活需要。如果是以销售产品为目的来进行农业生产，这样的农业称为商品农业。商品农业主要分布在发达国家，以及发展中国家的一些地区。商品农业普遍进行专业化生产，一般情况下，一个农场只种植一种农作物或者饲养一种畜或禽。

四、农业劳动实践形式

（一）辛勤劳动

苏霍姆林斯基曾在《公民的诞生》一书中提到，他怎样千方百计地向儿童揭示公民在劳动中所感受到的喜悦因素："在集体农庄的土地上长着一棵橡树，是否能把它搬到另一个地方去，让它给世世代代的人带来欢乐呢？这件事可不容易办到。然而，它却能给人们带来多大的欢乐啊……于是我们便一起干开了。一连干了几天，工作越是接近完成，我们越是感到喜悦。"单靠语言并不足以教会学生热爱劳动。这就好比教人游泳，单靠语言却不让其真正潜入水里，那么其永远也体会不到游泳的自由与畅快。

只有勤奋劳动，才能实现中国梦

"'劳'是额头流汗,动手实干。"劳动就是要让学生勤劳地动起来。因此,大学生劳动教育必须让大学生亲手劳动,亲自劳动。理论和实践都证明,这种"身临其境"的亲身体验更能在思想和行动上激励学生进行劳动。明确劳动的目的和意义对调动大学生的劳动积极性、摆正大学生劳动观念具有重要作用。因此,大学生劳动教育的首要任务是向学生揭示劳动的思想意义以及让他们认识到劳动具有社会的意义和目的。学生只有对劳动教育的目的和意义内化于心才会外化于行,只有辛勤劳动,才能实现中国梦,"一勤天下无难事",要让"中国梦"变成现实,关键在于实干。"空谈误国,实干兴邦",树立实干精神,发挥先锋模范作用。以求真务实的作风开展工作,脚踏实地。用勤劳的双手托起伟大的"中国梦"。靠勤劳创业,国家才能稳固。靠实体致富,扎实,靠吃苦发家,安心。除此之外,所谓的"炒作""虚拟""投机""取巧"只会收获"泡沫",无法变成现实,终究南柯一梦。

(二)诚实劳动

一个诚实的劳动者,必定于己无愧,于人无损,于国有益。"诚者不自欺",诚实的劳动者从本心出发,尽心竭力做好自己的本职工作,自然心无愧怍,并且往往能赢得他人的尊重和爱戴,最终铸就个体生命的辉煌;作为群体的一员,如果不诚实,在劳动中弄虚作假,敷衍了事,那就会成为一块"短板",其部分工作就会成为别人的责任和负担,这种损人利己的事情,往往会影响社会效率;诚实的劳动者积极投身于"圆梦"的行列中,不但创造了基于奉献目的的物质价值,而且创造了基于生存目的的精神价值,对于国家和社会来说,都有益无害。

"诚实劳动"的本质特征是自觉的工匠精神。从类比的角度讲,任何物种都是需要"劳动"的。譬如一棵树,它只有通过"劳动",不断地吸收阳光、水分和其他养料,才能存活下来,从而开枝散叶,开花结果,否则就会枯萎、衰朽直至形体消失。但一棵树的"劳动"是无意识的,是不自觉的,只有人类的劳动才有可能是有意识的自觉行为。诚实的劳动者自觉做到敬业爱岗,做事力求尽善尽美。固然,他们也需要通过劳动获得尽可能丰富的生活资料,但获得生活资料绝不是他们从事劳动的唯一目的,一个富有工匠精神的劳动者,必定以劳动本身为主要目的。

(三)科学劳动

科学劳动是指劳动教育和劳动实践要以循序渐进、遵循学习规律和符合人体负荷的要求为基本前提,劳动教育实施要遵循劳动教育的量力性原则,劳动教育设计要以方向性原则和可接受性原则为基本原则来制订正确的劳动教育实践规划。

1.坚持劳动教育量力性原则

坚持劳动教育量力性原则有利于大学生持续劳动。量力性原则是指根据学生的心理发展程度选择并确定教育的内容与手段。劳动教育的量力性原则要求要根据学生的年龄和体力等因素确定学生劳动的任务“量”。劳动教育量力性原则主要涉及劳动难度和劳动频度两个方面。其中，劳动频度决定劳动教育的持久性，劳动难度决定劳动教育能否顺利开展。劳动频度太高或太低都会影响劳动教育的效果，如劳动频度太低，学生无法在短时间内获得劳动知识和技能，劳动情感更是难以形成；劳动频度太高，学生就会疲于劳动，不愿劳动。劳动难度也是如此，劳动难度太低，学生则不屑劳动；劳动难度太高，学生则无法劳动。因此，在组织和开展大学生劳动教育时（前），要为学生选择具有合适难度与频度的劳动活动，在劳动教育开展的过程中，要适时调整劳动教育的劳动难度和劳动频度。具体而言，“劳动的量力性原则可以通过下述办法加以保证：如让学生的脑力劳动同体力劳动或休息交替进行；把劳动同其他形式的活动结合起来；从事一些需要结合运用各种形式的艺术和文化珍品的劳动以及很好地组织劳动活动的过程”。需要注意的是，量力性原则不是对高难度或高频度劳动的排斥，也不是对低难度或低频度劳动的规避，它强调的是劳动与人的适配性；不同的劳动分配给不同的人，不同的人进行不同的劳动，其目的是使学生持续劳动而不是让学生疲于劳动或不屑劳动。

2. 丰富劳动教育的内容与类型

丰富劳动教育的内容与类型有利于大学生快乐劳动。“学生所从事的劳动越符合他们的心意时，创造性的天地越广阔，那么这种发展就会越充分。”因此，教育者需要创新劳动教育内容和形式，为学生提供尽可能多的劳动选择。多样化的劳动类型一方面可以扩大大学生的劳动选择，让学生在多样的劳动活动中选择自己最心仪的劳动活动；另一方面，劳动类型的多样化有助于区别对待学生的各种兴趣，有助于发展他们的天赋和爱好，其本质是对学生主体性的尊重。天津工业大学根据不同的劳动教育目的在各个专业开展了不同形式的劳动活动，如“同心爱祖国，劳动我最美”的主题班会活动、金属工艺学实践活动、“我是消防员”体验活动、“岗位交换体验活动”等，这些多样化的劳动活动有利于实现劳动教育的“因材施劳”。但值得注意的是，劳动类型的多样化并不是说劳动类型越多越好，过多的劳动类型不仅会增加学生的选择负担，还会增加学生实际的劳动负担。在创新与选择劳动教育类型时应注意以下两个原则：方向性原则，即劳动教育的内容和类型是否符合劳动教育的总的价值追求；可接受性原则，即劳动教育内容和类型是否能被受教育者所接受和喜欢。

3. 创造性劳动

创造性劳动的表现形式就是技术、知识、思维的革新，就是进行有目的的创造性劳动。通常我们所讲的人们的自主劳动、高科技含量劳动和成果回归等劳动，都应属于创造性劳动的范畴。当今社会已经进入了追求技巧劳动、脑力劳动、知识劳动等靠创造性劳动带来人类进步与发展的时代，创造性劳动的价值得到了充分的尊重和弘扬。一个社会只有弘扬创造性劳动光荣的良好风气，才能实现体面劳动的愉悦，才能实现社会财富的不断增长。

只有创造性劳动，才能实现中国梦。随着时代的发展，技术创新、知识创新、管理创新日益成为现代社会成员劳动素质创造性发展的核心，创造性劳动对推动科技进步和经济发展方式转变的作用越来越大，劳动不再是原始落后、简单低级、脏险苦累的代名词。通过提高劳动者素质，实现创造性劳动，通过创造性劳动，激发创造潜能，实现科学发展，这是实现中国梦的最佳途径和最好方式。

第二节　培育职业农民　实现乡村振兴

新型职业农民是指具有科学文化素养、懂得农业专业知识的农村新型人才。新型职业农民对于加快农业现代化、推进建设社会主义现代化强国具有重要意义。正如习近平总书记所说："现代化离不开农业农村现代化。"自 2012 年中央一号文件首次提出"大力培育新型职业农民"以来，我国在培育新型职业农民方面进行了大量的理论研究和实践探索，取得了积极成效。

"农民"在世界农业发达国家和地区早已被视为一种职业，而我国"农民"的职业化则经历了漫长的过程。自中国古代农耕文明出现以来，"农民"在我国长期被看作一种身份的象征。直到迈进新世纪，伴随着社会经济的稳步发展和新型城镇化进程的加速推进，我国"农民"才逐渐呈现出职业化趋势。从 2005 年农业部首次提出"职业农民"，到 2006 年的中央一号文件中首次提出"新型农民"；从 2012 年的中央一号文件首次提出"新型职业农民"，再到此后中央一号文件连续多年强调"培育新型职业农民"的相关内容，这一系列动态过程标志着我国"农民"正由"身份型"转向"职业型"，"农民"的职业性越发凸显。

一、职业农民的定义和特征

新型职业农民的内涵随着时代的发展不断丰富，其特征如下：一是有较高的综合素质。要求新型职业农民"有文化、懂技术、会经营、晓政策、守法纪、有组织，对生态、环境、社会和后人承担责任"。二是较高的经济收入。随着新农村的建设和现代农业的发展，农业社会会逐渐摆脱弱势地位，成长为强大的独立形式。新型职业农民将是农业产业链中的急需人才。三是平等的社会地位。新型职业农民具有"新型性"，是与传统农民的"传统性"对比而言的，可以说这也是其有别于传统农民的鲜明特征，而"职业性"体现的是一种身份特征，是农业产业化中的一种新型职业类型。不管是新型还是职业化，对新时期有志于农业领域的人都有强大的吸引力。职业农民必然走的是职业化道路，拥有高科技的技术文化知识和农业生产技能以及经营管理能力。新型职业农民具有以下特征：

第一，热爱农业并将农业作为终身事业。新型职业农民不再是以维持生计为目标进行农业生产，而是将农业作为产业，是追求市场最大效益的农村先进生产力的代表，是真正的农业继承人。

第二，具有较高的科学文化知识水平。新型职业农民应是有一定文化水平、懂得相应机械化耕种技术、能较好地融入市场经济中的经营者。

第三，具有现代农业的经营能力。新型职业农民除了要符合农民的条件，如占有或长期使用一定数量的生产性耕地、大部分时间从事农业劳动外，其主要特征还应包括其经济收入主要来自农业生产和农业经营。

第四，具有高度的社会责任感和现代观念。新型职业农民不仅要有文化、懂技术、会经营，还要对生态、环境、社会承担责任。

二、树立大学生职业农民意识

大学生“领军型”职业农民承担着助推农业生产新模式、助力农村发展新产业、助推乡村振兴新业态以及促进乡村优秀文化传承等多重责任使命，其需具备的基本特征应该包括爱农、懂农和事农。

爱农是前提。大学生融入“三农”、扎根“三农”、服务“三农”的首要前提就是要热爱“三农”，就是要对农业、农村、农民有真感情。大学生职业农民是要扎根农村、助力农业发展的农科专业人才，只有发自内心地热爱“三农”事业，对农业有亲近感，对农村有归属感，对农民有认同感，才会甘愿坚守在农村一线脚踏实地、埋头苦干，才能带领广大新型职业农民开拓创新、奋发有为，为乡村振兴贡献自己的聪明才智。

懂农是基础。大学生职业农民在掌握农科专业知识和技能的基础上，能够了解新时代农民群体的特点、农村发展的需要和农业发展的前景，这是其应有素质。这是其在专业性上与一般的新型职业农民的重要区别。换言之，大学生职业农民懂得并掌握农业相关知识技能，具备用科学的视角和专业化的管理经验解决农业工作中问题的能力，是其鲜明的职业性和专业性的重要体现。

事农是关键。所谓事农，就是指从事农业工作。大学生职业农民以农业为职业，具有明确的经纪人属性。也就是说，大学生职业农民需要把农业生产经营作为个人职业发展的目标，把实现自身价值最大化与集体利益最大化作为职业发展的追求。从事农业工作并带动其他农民共同致富，是乡村振兴战略中大学生职业农民发挥先导作用的关键。

三、大学生职业农民的培育方法

涉农高校不仅应充分认识到使农科大学生学农、懂农只是其教育教学的最基本要求，还应采取更为有效的措施提高大学生对于自身从事农业工作的认可度,使之成为“下得去”“留得住”“干得好”的高素质农科专业人才。对此,涉农高校可以通过以下三个方面培养农科大学生学农爱农意识。

(一)落实立德树人根本任务,培养大学生爱农意识

在课堂教学过程中采用恰当形式,有针对性地加以引导,使大学生树立正确的职业价值观。如将我国农业、农村发展的壮美画卷和农业技术应用的美好前景等相关内容有机融入思政课程和专业课程教学中,在理论和实践教学时通过鲜活的事例和生动的讲述激发大学生对学农的认同感和使命感,引导农科大学生客观地审视自己的学习研究和专业特长,更加严格地要求自己刻苦学习、学以致用。

通过社会实践和志愿服务增强农科大学生的劳动精神和社会责任感,让大学生学会在服务“三农”、造福社会的同时,实现自我的可持续发展。如定期组织农科大学生到农村和农业生产一线参观实践,只有深入农村一线,切身参与农业生产实践中,才能真正体会到从事农业职业的崇高价值。让大学生走到田间地头、走在农民身边,才会自觉地把个人理想与国家农业的发展结合起来。

广泛开展涉农校园文化活动,营造浓厚的文化育人氛围,让“学农爱农”成为大学生内化于心、外化于行的价值追求,如经常举办农业科学家的专题讲座、农村致富典型带头人的优秀典型故事报告会等。借助互联网等新媒体宣传手段,树立“三农”的积极形象,激发大学生探索农业科学、从事农业工作的兴趣,引导大学生在热爱“三农”的基础上从事“三农”工作。

(二)打造优质教师队伍,夯实大学生专业基础

随着我国一二三产业的深度融合,传统意义上重理论、轻实践的人才培养模式已然满足不了社会经济发展的需要。在乡村振兴的战略背景下,大学生专业技能的锤炼和意志品质的塑造离不开具备理论素养和实践能力的优质教师队伍来保驾护航。教师队伍作为大学开展教学活动的重要主体,是向大学生传授知识、发挥价值引领作用的重要基石。打造优质教师队伍,一方面可以通过吸纳企业、行业、科研院所甚至是农业领域出类拔萃的先进农民典型作为兼职教师参与学校教学。这些兼职教师都是工作在农业生产一线的佼佼者,对农业发展的方向、农业科技的前景有着丰富的经验和判断。这些兼职教师参与涉农高校的教学中,能够及时更新农业领域前沿知识,使农科大学生更加准确地了解农业生产实际。另一方面,新时代“三农”工作者需要掌握更多学科、更多门类的理论知识与实践知识,不仅应具有农业生产的先进理念,还要具备将研究成果应用到农业生产中的能力和素质,促进

农业发展。依托涉农高校自身的教学体系和教学模式，在加强专职教师的教学业务能力的基础上，加强其农业科研能力的培训，还可以加强兄弟院校之间的互学互鉴，通过交流探索和强化校际协同育人的新模式。

（三）整合实践平台资源，激发大学生创新精神

科技与农业的融合是发展农业现代化的必然要求。智慧农业、生态农业和信息农业不仅需要会应用的人，还需要根据未来农业发展而进行研发和设计的人才。涉农高校应抓住机遇，利用“双创”平台，培养更多拥有创新精神的农科大学生。首先，引导大学生积极参加“互联网＋”“挑战杯”等大学生创新创业大赛，以赛促学，激发农科大学生的创新创业热情，还要利用好大赛的成果，积极为农科大学生搭建平台，使成果有效转化，能够为农业生产提供有益帮助。其次，涉农高校应与企业、行业和农场等进行项目合作，拓宽农科大学生实习基地的范围，为农科大学生参加实践提供更多持续和稳定的平台保障，鼓励农科大学生积极将所学知识应用到实践中，通过在实践中发现问题，想办法解决问题，进而提升思考能力，激发创新解决问题的意识，助力农业现代化的加速实现。

【耕读学堂】

“90后”大学生当起“新型职业农民”

在河南汝州市陵头镇寇寨村北，棵棵石榴树在风中摇曳，石榴林沿水泥路向北延伸，在一座仓储大棚下，石榴园的主人杨宗立正指挥几名村民清理余下的石榴包装纸袋等垃圾。

“眼看就要下雨了，把包装纸袋清理一下，以防雨水淋后烂在地里看着脏。棚下这些石榴是今年最后的果子，虽然个头小但吃着甜。”杨宗立年轻帅气的脸上溢满笑容。30岁的杨宗立是汝州市城区洗耳河街道人，虽然年龄不大，却已在寇寨村摸爬滚打了5年，拥有面积约300亩的石榴园，在农村蹚出了一条创业致富路。2021年，杨宗立被评为汝州市十大新型职业农民。

2013年，22岁的杨宗立从河南农业大学毕业后，没有回家接管家里的企业，而是像许多毕业生一样选择在外闯荡。他在海底捞当过服务员，在宾馆里当过服务生，为提升自己还学习了计算机编程。最终，有自己想法的杨宗立没有接手家里的超市、宾馆，而是走进农村，成为一名“新型职业农民”。2017年，26岁的他一头扎进寇寨村，承包流转土地种植了100多亩突尼斯软籽石榴。

通过石榴园区监控画面看到，成片的石榴树冠有大有小。“树冠大的是2017年种的，小的是后来种的。”杨宗立说，“很多人觉得从事农业种植门槛低，其实这是一种误判。大家

普遍认为农业种植主要是种、收,但真正干了就会发现根本不是那回事,里面学问很大。就拿软籽石榴种植来说,剪枝、种管都需要技术。这几年我跑了国内很多软籽石榴种植园区学习技术,聘请专家指导,才有了这满园石榴树”。

经过3年种植,到2019年,杨宗立的软籽石榴种植面积扩大到约300亩,而这一年,第一茬种植的石榴开始零星挂果,没想到却遭遇当头一棒。“当年产果2万多斤,谁知当年软籽石榴销售价格出现断崖式下跌,从往年的二三十元一下子跌到10多元,甚至更低。”杨宗立说。

然而,杨宗立并没有因此丧失信心。市场价格低,他就改进管理模式,降低生产成本。除草、施药原本靠人工,杨宗立改为机械化操作;剪枝及田间管理原本全园一盘棋,大家有活一起干,杨宗立将300亩园区划分成3个片区,人员分组干活,形成管理竞争,提高效率。

“园区分片管理后,大家都想着自己的片区争第一,大家干活的积极性提高了,干活效率也高了。”片区管理组长、寇寨村村民陈新安说。

“小杨是个踏实、厚道的年轻人,前两年栽树,他跟我们一起干,吃住在地里,不像其他年轻人一样娇气,对待工人也很随和、厚道,我一天工钱85元,一天干8个小时,在农村收入差不多了。”一直在石榴园务工的寇寨村村民沈令霞说,现在村里的年轻人都不干农活了,但杨宗立不一样,刚开始啥都不会,现在各种农具他样样精通。

杨宗立说,林果种植本就是一个投资时间长、见效慢的产业,发展林果业要有恒心。

面对低迷的市场价格,杨宗立也有自己的打算。“市场价格低,走批发销售赚得少,我已经开始筹建终端零售销售渠道,提高收益,同时打造自己的石榴品牌,扩大知名度,尝试休闲采摘游。”杨宗立说,“干什么都得精通、专业,作为新时代的职业农民,我正在努力让自己成为石榴种植的‘专家’,在技术的支持下,才能种出品质高的石榴,赢得市场”。

第三节 体验农事劳动 品味农家生活

为整合综合实践活动与劳动课程,规范有序地开展劳动教育,师生可共同开发“农事”课程。该课程以大学生为实施对象,采用同主题分年级的方式进行整体规划,即在“农事”这一大的主题框架下,每学期全校分年级开展不同内容、类型、目标层次的劳动实践活动。

一、内容设置

首先对“农事”主题下的内容进行分年级设置:大一为“农事之蔬菜”,大二为“农事之粮油”,大三为“农事之花果”。这样分类设置,可以确保学生在校经历不同类型的农事劳动,避免各班选题与学校统一管理上的混乱。

在"蔬菜、粮油、花果"主题下，可以开展的劳动实践活动非常丰富，但在进行课程规划时，要考虑课程资源特别是硬件条件是否能够满足活动需要；同时要充分考虑农作物生长的季节、时令、周期等因素，如很多农事活动会跨暑假，设计时就要考虑这一因素；"农事"活动的切入点很多，进行课程规划时要注意细化，不必一个活动面面俱到，要给教师和学生更多维的劳动实践空间。

围绕"农事"这一大主题，大一可以设置与蔬菜有关的活动，如"走进菜园""种菜""蔬菜医生""蔬菜采摘""种子采集与保存""蔬菜烹饪"等系列主题；大二可以设置与粮油有关的活动，如"水稻的一生""农具的过去、现在与将来""农民的一天""稻田里的秘密""丰收""粮食加工"等系列主题；大三则可以设置与花果有关的"我家小院""多肉""嫁接与扦插""花木水培""花果医生""竹子的一生""茶""水果采摘与保存""插花"等系列主题。这些主题，既有围绕农作物的，也有围绕劳动技术、劳动工具、科学管理的，师生的选择空间较大。

二、目标分解

该课程的总体目标可以从价值体认、责任担当、问题解决和创意物化四个维度设计。问题解决是让学生了解农业生产基本常识，学习并掌握农业生产基本技能，认识并学会使用劳动工具，在实践过程中能团结协作，发现并提出劳动生产中存在的问题，动手动脑，探究、解决在劳动中遇到的问题。创意物化是让学生利用自己的知识经验和现代科技成果，创造性地参与农业生产劳动，能以积极的态度享受劳动成果，推动劳动成果转化。与其他学科课程目标不同的是，劳动课程四个维度的课程目标并不是固定的、递进的、有梯度的目标体系，而是在劳动实践中不断地生成、强化、修正、完善的课程目标体系。"农事"课程的总体目标应根据劳动实践内容，在每次具体活动中分解落实。教师可以根据活动内容有所侧重与取舍。

大一的"蔬菜"主题非常贴近学生的生活，学生能直接动手实践的空间大，劳动强度较小，设置年级课程目标时，可侧重"问题解决、创意物化"等与学生生活经验、劳动体验有关的课程目标。大二的"粮油"主题，不管是劳动强度、难度还是劳动周期，都大于大一，在设置年级课程目标时，应加强"价值体认、责任担当"的目标要求，达成感受"劳动之不易、民以食为天"等精神层面的劳动育人目标。大三的"花果"主题有更高的劳动技术、创意、审美层面的要求，在大一、大二劳动实践的基础上，学校可根据实际，从问题解决、创意物化、目标维度等角度进行设置。具体年级课程目标的设置如下表。

课程目标	年级		
	大一（蔬菜）	大二（粮油）	大三（花果）
价值体认	劳动改善生活 致敬劳动者	劳动创造财富 劳动精神体认	劳动改变世界 人与自然
责任担当	合作分享 吃苦耐劳	勇于承担 吃苦耐劳	持之以恒 吃苦耐劳
问题解决	蔬菜种植、采摘、处理的技术问题	工具使用问题，粮油作物生长、采收、加工中的技术问题	花果种植、养护、采收、加工中的技术问题
创意物化	创意美食	创意美食、创意工具、创意加工	创意园艺、插花、创意水果加工

三、主题活动实施

一方面，各班围绕课程规划，组织学生讨论，自主选择本学期（学年）要开展的主题活动，并报学校统一备案。学校根据各班申报的主题活动，集中分类，联系周边劳动教育基地，对时间、人员、场地、劳动工具、劳动内容等进行统筹安排。另一方面，在学生现场劳动实践之前，教师要做好充分的前期准备工作，包括安全教育、学生身体状况调查、家校沟通、学生分组、现场劳动内容简介等。劳动教育不是单纯地锻炼身体，在出汗出力之余，还要进行劳动技能、劳动精神、劳动创新、劳动态度等丰富的劳动教育内容。农事劳动是一个延续的过程，教师组织一次劳动实践活动，学生接触的只是农事生产中的某一环节或一个切面，不管是从劳动教育还是综合实践活动角度看，都是远远不够的。因此，选择主题活动要注意延续性，现场实践应不少于三次。

各班在选择主题活动时要做整体设计，统筹安排劳动实践的时间与内容，并采用多种实践形式，如信息的收集与整理、人物专访、参观展览、观看科教片等，连续几次开展劳动实践活动，让劳动教育更系统、丰富，更具有内在规律性。此外，为让学生体验劳动收获，享受劳动成果，有些班级在活动设置中安排了蔬菜售卖与烹饪、粮油加工及产品品尝、插花与水果拼盘等劳动实践活动。教师还鼓励学生创造性参与劳动，让他们在劳动实践过程中基于所学知识和现代科技，大胆地发现问题、提出问题，并努力解决问题。这些活动让学生在劳动中获得成就感、满足感、幸福感，是劳动教育的重要内容之一，也是让学生对劳动产生热情与积极性的关键要素。这样的美好体验，能让劳动创造美好生活的劳动观深入学生心中，并伴随他们一生。

四、课程管理与活动评价

教研室要求各学校围绕“农事”这一劳动实践活动主题，建立稳定、全面、实用的劳动教育课程资源库，包括农事教育基地、劳动实践基地、专业指导教师团队、农事科普或纪实影像资料、相关书籍等。有条件的学校还应设立学校农事馆，收藏展示农具、各种农作物的标本、农作物加工产品、农业科技、劳动模范与农业科学家、农业生产与人类文明发展相关影像及图书资料等，把劳动教育融入学校的校园文化之中，让学生有更多的机会接受潜移默化的劳动教育。学校对每个班级申报的主题活动进行跟踪管理，特别是涉及现场劳动实践的部分，有统一的安排与记录，保证劳动教育基地的利用安全、充分、有序，确保每名学生获得足够的劳动实践机会。学校每学期设立劳动周，以图片、文字、表演、影音、实物等形式，集中展示学生的劳动过程、劳动技能、劳动成果、劳动之美、劳动创意，推出在劳动实践上表现突出的班级、教师和学生。学校建立学生劳动档案，以周为单位跟踪记录学生参与劳动实践的时间、活动内容、完成情况及实践感悟，综合评价学生参与劳动教育的情况；设立参与劳动实践时长（或次数）、掌握的劳动技能（工具）、劳动态度（从合作精神、吃苦精神、坚持态度等维度，由同学、老师、基地做出评价）、劳动创意（评价学生在劳动中的创造性表现）、劳动成果（从学生个人收获角度，由学生自我评价，可以是文字、数据，也可以是实物或图片）等评价指标，制作劳动评价表，综合评价学生劳动素养。此档案作为学生三年劳动教育学分评定的主要依据。

各班每学期完成劳动实践主题活动后，教师将活动过程写成完整的劳动教育实践活动案例，交由学校统一存档，用以充实学校课程资源库。

【田野躬耕】

整地做畦

在作物播种前进行整地，能够疏松土壤，改善土壤结构，翻埋残茬和肥料，消灭杂草和病虫害，平整压实土壤，为播种创造良好的土壤条件。粮食作物整地用大型农机具完成，作业效率高。本次劳动选择园艺作物整地做畦，以人工和机械作业相结合方式完成。

实践设计

一、实践场所

校内实训基地与生产田隔开。

二、材料与工具

有机肥、小型旋耕机、铁锹、耙子、皮尺、卷尺等。

三、注意事项

（1）劳动前进行安全教育，由教师或农机驾驶员进行旋耕机使用培训。

（2）整地作业时，按要求使用旋耕机和其他工具，禁止机器上站人。

四、实践实施

1.分组讨论、制订计划

根据学生数量进行分组，一般每组3～4人，1人担任组长。小组成员一起讨论，确定劳动目标和计划，根据成员个人优势协商确定任务分工。

2.操作步骤

以小组为单位，每组完成30 m^2 整地做畦劳动任务。操作步骤见表6-1。

表6-1 整地做畦操作步骤

序号	具体步骤	操作说明	劳动标准
1	材料与工具准备	检查工具是否能用；确定有机肥数量和质量；在教师或农机驾驶员指导下，检查、调整旋耕机；到大棚或温室了解地块状况	整地做畦工具符合要求，能正常使用；旋耕机符合作业要求；有机肥充分腐熟
2	施肥	清理田面上的残枝落叶，运到棚外集中处理；将有机肥均匀地微施在田面上，施肥量5 kg/m^2，防止施肥过多	田面干净，无残枝落叶；有机肥施用量准确，施肥均匀
3	旋耕	在农机驾驶员指导下，使用小型旋耕机进行旋耕，旋耕深度15 cm，切碎根茬，将有机肥混入耕层中	旋耕深度符合要求，误差超过1 cm的土块不超过2个
4	做畦整平	做平畦（畦面与田面高度一致），宽1.5 m，长20 m，畦埂（过道）宽30 cm；使用铁锹、耙子等工具进行人工整平，工具使用方法正确；田面无残茬、杂草和大土块	畦埂直，地面平整，土壤细碎，每平方米直径2 cm以上的土块不超过2个
5	机具与现场清理	清理整地作业现场，在农机驾驶人员指导下保养旋耕机，工具和旋耕机入库保管	除净工具和旋耕机上的泥土。操作现场清理干净

操作安全提醒：

①旋耕机刀轴转动正常后，再使旋耕刀片缓慢入土。

②旋耕作业时如果出现异常响声，应立即停车检查排除故障。

③地头转弯时，先减油门，提升旋耕机，切断动力再转弯。

实践评价

整地做畦实践结束之后，由组长组织小组进行讨论，充分听取大家的意见和建议，每人对自己的劳动态度、劳动质量、劳动结果进行自我评价，总结自己的劳动知识与技能、合作意识、沟通能力、创新意识、吃苦耐劳精神等方面的感悟，最后由教师进行总体评价，填入表6-2中。

表 6-2　整地做畦实践评价

劳动内容		
劳动评价	评价标准	得分
自我评价	提前查阅整地做畦资料(10 分)	
	做好劳动准备,准时参加劳动(10 分)	
	全程参与整地做畦劳动,发挥了积极作用(10 分)	
	按照操作规程参加劳动(10 分)	
	达到整地做畦质量标准(10 分)	
	团队合作好,劳动效率高(10 分)	
	完成了整地做畦任务(10 分)	
	分工明确,合理调配资源(10 分)	
	对劳动提出了可行性建议(10 分)	
	劳动有创新(10 分)	
劳动感悟		
教师评价		

填写人＿＿＿＿＿＿＿＿

日期＿＿＿＿＿年＿＿＿＿月＿＿＿＿日

课后练习

1. 农业生产的分类有(　　　)、(　　　)、(　　　)。

2. 农业劳动实践形式包括(　　　)、(　　　)、(　　　)。

3. “诚实劳动”的本质特征是自觉的(　　　)。

4. (　　　)是指劳动教育和劳动实践要以循序渐进、遵循学习规律和符合人体负荷的要求为基本前提。

5. 新型职业农民的内涵为(　　　)、(　　　)、(　　　)。

6. 新型职业农民的特征为(　　　)、(　　　)、(　　　)、(　　　)。

7. 大学生职业农民的培育方法包括(　　　)、(　　　)、(　　　)。

8. 大学生职业农民需具备的基本特征应该包括(　　　)、(　　　)、(　　　)。

第七章　发扬劳模精神　助力乡村振兴

学习目标

知识目标：掌握新时代劳模精神的内涵，理解劳模精神在乡村振兴中的重要作用。

能力目标：增强对劳模精神时代特征的认识；正确看待发扬新时代乡村振兴劳模精神的重大意义。

素养目标：增强乡村振兴的奉献精神；形成崇尚劳动、礼遇劳动者的良好风气；树立乡村振兴的坚定信念。

【课堂导入】

有关“劳模”的那些事儿

1. 全国劳动模范

“全国劳动模范”是党中央、国务院授予在社会主义建设事业中做出重大贡献者的荣誉称号。授予形式分为召开表彰大会、工作会议、零散表彰等。

全国劳动模范享受的待遇有发放一次性奖金，工资提档升级，享受春节慰问，困难救助等。其评选程序严格按照自下而上、逐级推荐、差额评选、层层审核的方式，尤其是坚持群众路线，充分发扬民主，推荐人选经过所在单位、省级和全国三级公示，接受社会监督，实现评选过程让群众参与、评选结果让群众认可。此外，还在一些关键环节实行“一票否决”。全国劳动模范的评选表彰工作为每5年一次。

2. 全国五一劳动奖章

全国五一劳动奖章是中华全国总工会为奖励在社会主义各项建设事业中做出突出贡献的职工而颁发的荣誉奖章。颁发范围包括工业、交通、基本建设、农林水利、财贸、金融、文化、教育、新闻、出版、政法、卫生、科研、体育、机关团体等各行各业的职工。

被授予全国五一劳动奖章的职工由全国总工会颁发奖章、证书和奖金。全国五一劳动奖章的评选表彰工作为每年一次。

3. 全国五一劳动奖状

全国五一劳动奖状是中华全国总工会设立的授予先进集体的荣誉称号。全国五一劳动奖状授予在我国境内依法注册或登记的非跨地区的企业、事业单位、机关、社会组织及其他组织以及驻外机构。

被授予全国五一劳动奖状的集体由中华全国总工会颁发奖牌和证书。全国五一劳动奖状的评选表彰工作为每年一次。

4. 全国工人先锋号

全国工人先锋号授予企业、事业单位、机关、社会组织及其他组织所属的部门。被授予全国工人先锋号的部门由中华全国总工会颁发奖牌和证书。全国工人先锋号的评选表彰工作为每年一次。

思考：劳模是在社会主义建设事业中成绩卓著的劳动者，经职工民主评选，有关部门审核和政府审批后被授予的荣誉称号。关于劳模，请同学们讨论以下话题：

(1)你身边有劳模吗？

(2)能吃苦耐劳的人就能当劳模吗？

(3)你认为什么样的人才能当劳模？

(4)劳模带给你什么启发？

(5)劳模精神在乡村振兴战略的实施过程中有什么新的特征？

(6)作为大学生，我们如何培养劳模精神？

第一节　学习劳模精神　砥砺奋进前行

时代造就劳模，劳模引领时代。不管时代如何变化，劳模精神都是一面跨越时空、永不褪色的鲜艳旗帜，这种精神永远是激励人们奋发向上、不断进取的永恒的精神动力。新时代更需要我们进一步弘扬劳模精神，让劳模成为新时代最耀眼、最受热捧的“明星”。全社会营造崇尚劳动、尊重劳模的良好氛围，让劳动最光荣、劳动最崇高、劳动最伟大、劳动最美丽蔚然成风，激发亿万人民用劳动托举梦想的豪情，汇聚起实现中华民族伟大复兴的中国梦的磅礴力量。

一、劳模

劳模是劳动模范的简称。“劳”表示劳动，这是劳模的基本前提。“模”体现了一种“示范”和“楷模”的价值导向，一种可近、可亲、可信、可学的榜样作用。“劳模”意味着“先进符号”，是人民授予生产建设中先进人物的一种崇高称号，以表彰劳动中有显著成绩或重大贡献可以作为榜样的人。

劳模是在社会主义建设事业中成绩卓著的劳动者，经职工民主评选、有关部门审核和政府审批后被授予的荣誉称号。劳动模范分为全国劳动模范与省部委级劳动模范，有些市、县和大企业也开展劳动模范评选。1943 年与 1944 年在陕甘宁边区就曾召开劳动英雄和模范生产者表彰大会。中华人民共和国成立后，沿用这种方式来调动群众的生产热情，劳模表彰活动继续开展并形成了一套评选、表彰机制。到目前为止，新中国共进行了 15 次全国劳模表彰活动，有 3.1 万多人次荣获“全国劳动模范”或“先进工作者”称号。

劳模是劳动者的模范和榜样，是在群众学先进赶先进的劳动竞赛活动中涌现出来的杰出人物，是社会遴选出的最好的、鼓励人们效仿的劳动者。在国家建设发展中，劳模是各行各业的杰出代表，他们身上体现着社会对某一种劳动方式和劳动精神的最高评价。劳模是适应国家和时代的发展而产生的，是劳动群众的杰出代表，是最美的劳动者，是民族的精英、国家的栋梁、社会的中坚、人民的楷模，是党和国家的宝贵财富，是时代的领跑者。

1945 年 1 月 10 日，毛泽东同志在陕甘宁边区劳动英雄和模范工作者大会上提出，劳动模范有三种作用，即带头作用、骨干作用和桥梁作用。1950 年 9 月 25 日，毛泽东代表中共中央在全国战斗英雄代表会议和全国工农兵劳动模范代表会议上，高度评价全国战斗英雄和工农兵劳动模范“是全中华民族的模范人物，是推动各方面人民事业胜利前进的骨干，是人民政府的可靠支柱和人民政府联系广大群众的桥梁”。

1978 年 10 月 11 日，邓小平同志在中国工会第九次全国代表大会上充分肯定模范“至今还是我们学习的榜样和团结的核心”，提出“要尊重劳动，鼓励先进”“任何人对四个现代化贡献得越多，国家和社会给他的荣誉和奖励就越多，这是理所当然的”。

2000 年 4 月 29 日，江泽民同志在全国劳动模范和先进工作者表彰大会上指出：“全国劳动模范和先进工作者，是亿万劳动群众的杰出代表。他们对祖国和人民无限忠诚，爱岗敬业，勇于创新，无私奉献，严于律己，弘扬正气，在平凡的岗位上做出了不平凡的业绩，是建设社会主义物质文明和精神文明的先锋。”

2010 年 4 月 27 日，胡锦涛同志在全国劳动模范和先进工作者表彰大会上指出：“我们一定要在全社会大力弘扬劳模精神，用劳模的先进事迹感召人民群众，用劳模的优秀品质引领社会风尚，充分发挥劳模的骨干和带头作用，在全社会进一步形成崇尚劳模、学习劳模、争当劳模、关爱劳模的良好氛围。”

2016 年 4 月 26 日，习近平总书记在知识分子、劳动模范、青年代表座谈会上指出：“劳动模范身上体现的‘爱岗敬业、争创一流，艰苦奋斗、勇于创新，淡泊名利、甘于奉献’的劳模精神，是伟大时代精神的生动体现。我们要在全社会大力宣传劳动模范的先进事迹，号召全社会向他们学习、向他们致敬。要为劳动模范更好施展才华、展现精神品格提供全方位支持，使他们的劳动技能、创新方法、管理经验能广泛传播，充分发挥示范带动作用。劳动模范要珍惜荣誉、谦虚谨慎、再接再厉，不断在新的起点上为党和人民创造更大业绩。”

【耕读榜样】

全国劳动模范——李如婷

李如婷，女，广西钦州市钦北区大垌镇米家村村党支部书记，1991 年当选为米家村妇女主任，1996 年 4 月起担任村党支部书记。在任村干部近 20 年时间里，李如婷以忘我的精神与村“两委”一起，带领群众努力工作，大胆创新，克服重重困难，特别是带领妇女群众转变观念，争当创业致富的带头人，充分利用本村的优势，依靠科技，大力发展农村经济，一步步地走出了一条科技致富的道路。2010 年 5 月李如婷被授予“全国劳动模范”殊荣。

米家村是个农业村，经济状况一般，如何让老百姓富起来，是李如婷经常思考的问题。她一直注重收集农村致富信息，与村“两委”成员共同提出“大力发展近郊型农业”的工作思路，利用本自然村的地理位置及交通优势，优化农业产业结构，提高农民在种植业上的经济收入。在李如婷的带领下，米家村开始全面推广无公害蔬菜生产，她及时组织召开村党员、村组干部会，会上从种植蔬菜的投入、栽培技术、经济收益等诸多方面全面分析种植无公害蔬菜的有利形势，鼓励推广无公害蔬菜的种植，同时，为了打消群众的顾虑，她自己先带头种植了十几亩无公害蔬菜。在她的影响下，当年米家村秋播落实了无公害蔬菜种植面积 80 多亩，如今米家村主要种植青椒、香茶、莴萎等蔬菜，农户种植收入非常可观。

李如婷为了让家庭妇女掌握科技致富的知识和信息，多次争取培训项目，积极为致富能手们提供农技知识和致富信息促其发展，几年来，米家村举办科技种植、养殖知识培训班 20 期，培训妇女 1 000 余人次。多次邀请市农业局专家为妇女们讲解无公害蔬菜种植技术，邀请大风车“递科技下乡”服务队宣传养殖、农村沼气建设的科普知识，配合镇农业站、林业站组织农业实用技术培训活动，共组织 100 多名农村妇女参加远程教育培训，让家庭妇女掌握科技致富的知识和信息。以活动为载体，引领农村妇女争当发展富民的带头人。引导本村妇女积极参加“学科技、学管理、比致富、比发展”的“双学双比”活动。目前，该村已涌现出一批养殖、种植典型示范户。

李如婷同志 20 年如一日，孜孜不倦地工作在农村第一线上，不计得失，默默地为米家村的发展壮大奉献了自己的青春，得到了人民群众的认可。为了能改善村民的生产生活条件，李如婷带领村民改善村级道路，几年前米家村委至村小学泥路崎岖坎坷，在李如婷与村“两委”和群众的共同努力下，拖沙拉石修建了一条长5千米的村级道路，解决了群众的生产生活困难，方便了师生的出入。

李如婷敢为人先，勇于开拓，是致富路上的领跑人；孜孜不倦、勤恳为民，是米家村的“女当家”；倾听民声，解民之忧，是人民群众的贴心人。

劳模身上有一个共同点，那就是他们都是体现时代精神的平凡人，相信并为“美好的未来”而奋斗，他们让民族精神有所依托，让民族历史有了厚重感；他们以自己的聪明才智和无私奉献的优秀品质、时代精神激励着人们不断拼搏奋进，在日积月累的平凡生活中向人们昭示着伟大之处。

二、劳模精神

劳模精神是劳动群体先进性的集中体现和高度浓缩，是根植于中国大地、反映中国劳动者意愿、适应时代发展要求的精神品格。劳模精神是引领中华民族时代发展的先进的、科学的、文明的思想道德和价值取向。劳模精神是一种人文精神，代表的是一个时代的价值观、道德观，展示的是中华民族顽强拼搏、自强不息的崇高品格，体现的是中华民族与时俱进、开拓创新的精神风貌。

党的十八大以来，习近平总书记多次就劳模精神发表重要讲话，系统阐明了新时代劳模精神的历史源流、嬗变轨迹和生成逻辑，构建了新时代劳模精神的理论基石、历史逻辑、时代内蕴和实践价值，继承并丰富了马克思主义劳动观，深化并发展了劳模精神的中国属性、科学内涵、时代品格、实践价值和弘扬路径，为弘扬新时代劳模精神提供了有力的思想武器，具有重要的理论价值和实践意义。

（一）劳模精神是工人阶级先进性的集中体现

在中国革命、建设、改革的各个历史时期，我国的工人阶级都具有走在前列、勇挑重担的光荣传统。劳动模范作为工人阶级的优秀代表，是时代的引领者，在工作生活中发挥了先锋和排头兵作用，他们以辛勤劳动、诚实劳动和创造性劳动持续推动着社会进步、国家发展与民族复兴。劳模精神作为劳动模范的思想内核、行动指南和精神灯塔，成为推动时代前进的强大精神动力，充分体现了工人阶级先进性的主体地位，彰显了工人阶级的伟大品格，推动了工人阶级的成长进步。

（二）劳模精神是工人阶级主人翁意识的集中凸显

主人翁意识是劳模精神的内在本质，是正确认识和理解劳模精神的关键词。正是因为有自觉的、强烈的主人翁意识，劳模才以地为家、以厂为家、以企为家、以国为家，才具有积极主动的岗位意识、职业意识、进取精神和创新精神。

（三）劳模精神是社会主义核心价值观和时代精神的生动诠释

劳模精神的重要元素和构成因子，如岗位意识、职业精神、进取精神、拼搏精神、创新精神、家国情怀和奉献精神等，是对社会主义核心价值观的生动诠释和现实呈现。同时，劳模精神也是引领时代新风的精神高地，生动体现了时代精神的精神实质、主要特征和重要内容。

（四）弘扬劳模精神是培育时代新人的重要途径

劳模精神作为社会主义核心价值观的生动体现，更便于人们理解、接受、模仿，对培育时代新人起重要推动作用，能够激发广大劳动者的积极性、主动性和创造性。劳模精神继承并发展了中华民族传统优秀的劳动观念，树立并彰显了一种辛勤劳动、诚实劳动、创造性劳动的新理念，营造并弘扬了一种劳动光荣、技能宝贵、创造伟大的时代风尚，生成并传播了一种劳动者至上、劳动者平等、劳动者可敬、劳动最光荣、劳动最崇高、劳动最伟大、劳动最美丽的劳动观。

（五）劳模精神是文化自信的重要支撑

劳模精神是中国特色社会主义文化的重要组成部分，始终贯穿建设中国特色社会主义文化的全过程。劳模精神根植于中华民族劳动全过程，特别是中国特色社会主义伟大实践中，充分继承并发展了中华优秀传统文化和社会主义先进文化。弘扬和践行劳模精神，有助于坚定文化自信、推动社会主义文化繁荣兴盛，有助于牢牢把握意识形态工作领导权，有助于培育和践行社会主义核心价值观，有助于加强思想道德建设，有助于促进中国特色社会主义文化繁荣发展。

（六）劳模精神是实现中华民族伟大复兴中国梦的重要力量

劳模精神是实现中华民族伟大复兴中国梦的宝贵精神财富和强大精神力量。实现中华民族伟大复兴，实现从制造大国向制造强国的华丽转身，建设知识型、技能型、创新型劳动者大军，要大力弘扬和践行劳模精神。

三、新时代劳模精神的内涵

中国特色社会主义事业进入新时代，中国劳模精神一方面延续了传统的精神要义；另一方面也显露出新的时代内涵和实践导向。新时代中国劳模是社会主义改革开放和建设中优秀劳动者的典范，新时代中国劳模精神鼓舞着成千上万的普通劳动者坚守理想信念、立足本职岗位、奋勇当先当优、勇于创新创造、创建事业功勋，以主人翁的姿态诠释爱党爱国、兢兢业业、恪尽职守、无私奉献、宁静致远的精神风貌。

习近平总书记指出："长期以来，广大劳模以平凡的劳动创造了不平凡的业绩，铸就了'爱岗敬业、争创一流，艰苦奋斗、勇于创新，淡泊名利、甘于奉献'的劳模精神，丰富了民族精神和时代精神的内涵，是我们极为宝贵的精神财富。"这些重要论述精辟地概括了劳模精神的科学内涵，深刻揭示了新时代劳模精神的实质特征，同时也是对劳模精神时代价值的充分肯定。

（一）爱岗敬业、争创一流

"爱岗敬业、争创一流"体现广大劳模恪尽职守、创先争优的职业道德及高度的历史使命感、责任感。爱岗敬业是中华民族的传统美德，是职业道德的基石，是社会主义职业道德所倡导的首要规范，是社会主义核心价值观的重要内容。爱岗敬业就是要勤勤恳恳、兢兢业业、忠于职守、尽职尽责地工作。爱岗敬业是社会主义职业道德倡导的首要规范，是对劳动者提出的最基本、最起码、最普通的道德要求，是实现职业目标的重要内容，也是事业成功的必要因素。争创一流是当代劳模具有竞争力、战斗力和爆发力的精神源泉。争创一流就是要树立自信心，提振精气神，以"敢为人先、追求卓越"的精神状态高起点谋划、高标准定位、高质量落实、高效率推进，做到谋划上胜人一筹、行动上快人一步、措施上硬人一度。

（二）艰苦奋斗、勇于创新

艰苦奋斗、勇于创新，体现了广大劳模吃苦耐劳、坚韧不拔的作风和强烈的开拓意识，勤于学习，善于实践，积极掌握知识，努力增强核心技能，主动应对各种挑战。艰苦奋斗是新时代中国劳模精神的本色。新时代劳模凭借艰苦奋斗的价值追求锐意进取、奋发有为，攻破了一个又一个阻碍实现中国特色社会主义现代化建设的难题，取得了一个又一个惊叹世界的成就。劳模秉承艰苦奋斗的优良作风，在工作中忘我劳动、开拓创新、奉献集体，表现出崇高的职业美德和精神风貌。新时代中国劳模精神之所以能够继续发挥其号召力、感召力和影响力的作用，就是因为劳模精神中包含着长期以来具有的、始终如一的艰苦奋斗精神因素。艰苦奋斗精神成为当代中国劳模精神最稳定和永恒的本色。

勇于创新是新时代中国劳模精神的核心。党的十九大指出，"创新是引领发展的第一动力，是建设现代化经济体系的战略支撑"。新时代中国劳模充分发挥先锋模范作用，不断钻研科学技术，全面提升勇于创新的本领，锐意进取，不断增强善于创造的能力，为中国特色社会主义现代化建设做出突出贡献。勇于创新、善于创造已经成为当代中国劳模精神的关键内容和核心内涵。提倡勇于创新、善于创造的劳模精神，是实现中华民族伟大复兴的现实需要。

（三）淡泊名利、甘于奉献

淡泊名利、甘于奉献，体现广大劳模任劳任怨、不计得失的模范行动，反映了工人阶级的价值取向和大公无私、不怕牺牲的高尚情操。淡泊名利是当代中国劳模精神的境界，涵养着当代中国劳模精神。名利反映的是一个人的劳动成果和贡献得到社会公认，并获得相应的物质报酬。正确的名利观会影响和铸就高品位与高格调的人。在新时代，我们仍然必须学习和继承老一辈劳模谨守本分、淡泊名利的精神境界。甘于奉献是当代中国劳模精神的底色。无论是中华人民共和国成立前对劳动英雄和先进工作者的表彰宣传，还是中华人民共和国成立后对劳模精神的弘扬，都重点强调了劳模尊重劳动、奉献担当的浓厚意识，肯定了劳模顾全大局、默默奉献的可贵品质。时空变幻，劳模精神的内涵在变，但劳模甘于奉献的追求没有变。甘于奉献已经成为中国劳模精神最鲜明的标识，镌刻着劳模为党和人民贡献一切的不朽的印记。甘于奉献是当代中国劳模精神内涵中最亮丽的底色。

【耕读榜样】

不曾停歇的“90 后”

2019 年 9 月 17 日，国家主席习近平签署主席令，授予 8 人“共和国勋章”，袁隆平名列其中。

就在这一天，在距离北京 1 600 多千米的湖南省衡东县的一片稻田里，袁隆平拿着一株水稻仔细观察后，面带笑意地说：“开花开得很好。”这片稻田是第三代杂交水稻的试验田，这些水稻目前处于扬花期，田中的双季晚稻有望突破亩产 1 000 千克大关。

“荣誉是对我们成绩的肯定，但我们不能躺在功劳簿上，还得继续干活。只要能解决老百姓的吃饭问题，个人的荣辱得失又算得了什么。搞科研的人要有使命感，有胸襟。”在新中国成立70周年获得国家最高荣誉，袁隆平向记者表示：“这对我既是鼓舞也是鞭策，希望在原有的基础上更上一层楼。”

在获得“共和国勋章”的前一天，袁隆平出现在湖南农业大学2019级新生开学典礼上，引发全场沸腾，学生们激动不已地喊出：“袁院士才是我们该追的‘星’！”在开学典礼上，袁隆平在讲话中再次提到了他多次谈及的两个梦想：第一个梦是追求水稻的高产梦，第二个梦是杂交水稻覆盖全球梦。为了实现这两个梦想，袁隆平不曾停歇。1974年，袁隆平科研小组培育的第一个强优势高产杂交稻破土而出。多年来，袁隆平领衔的科研团队通过形态改良和杂种优势利用相结合的技术路线，成功破解水稻超高产育种难题，不断刷新亩产产量纪录。目前，超级稻计划的五期目标已经全部完成，分别是亩产700千克、800千克、900千克、1 000千克和1 100千克。

据统计，从1976年到2018年，杂交水稻在全国累计推广面积约85亿亩，增产稻谷8.5亿吨。每年因种植杂交水稻而增产的粮食可以多养活约8 000万人。

“我们国家人口多、耕地少，保障国家粮食安全，唯一的办法就是提高单产。高产对我来说是一个永恒的主题。”袁隆平告诉记者。

不仅让中国人吃得饱，袁隆平还希望全世界人民都能够远离饥饿。他曾笑称，自己愿做太平洋上的海鸥，让杂交水稻技术越过重洋。袁隆平写于1985年的《杂交水稻简明教程》，经联合国粮农组织出版后，目前已发行到40多个国家，成为全世界杂交水稻研究和生产的指导用书。据湖南省农业农村厅统计，截至2018年底，杂交水稻已在海外40多个国家成功试验示范，在10多个国家大面积推广。2018年，海外杂交水稻推广面积超过700万公顷（1公顷＝10 000平方米）。在获得“共和国勋章”的10天前，袁隆平迎来了自己的90岁生日。他笑称，自己已经从“80后”升级为“90后”，未来要健康快乐超百岁，就像超级稻攻关一样，不断超越新目标。他的生日愿望是示范田实现亩产1 200千克，向中华人民共和国成立70周年献礼。

第二节　践行劳模精神　助力乡村振兴

党的十九大报告中，习近平总书记提出了培养担当民族复兴大任的时代新人的重要战略命题，同时深情喊话广大青年：“青年兴则国家兴，青年强则国家强。青年一代有理想、有本领、有担当，国家就有前途，民族就有希望。”这启示着青年一代要做有理想信念、有过硬本领和有责任担当的时代新人。从马克思主义的理论出发，劳动是人的本质，是人类生产和生活的最基本条件，因此，劳动是创造时代新人的根本力量。助力乡村振兴，推动共同富裕，是新时代赋予青年学子的使命。广大青年学子要践行劳模精神，用青春赋能，探索乡村之美，在乡村振兴的宏大舞台上，大放异彩，绘就乡村振兴的壮美画卷。

一、乡村振兴离不开爱岗敬业精神

实施乡村振兴，需要大批懂农业，爱农村，懂科技的人才队伍，需要大批安得下心，留得下来的有志之士大显身手，实现农村的进步和农业的发展。乡村振兴需要广大涉农专业青年学子扎根基层，爱岗敬业，以饱满的情怀在农村这片广阔天地大展拳脚。

爱岗敬业是爱岗与敬业的总称。爱岗和敬业互为前提，相互支持，相辅相成。爱岗是敬业的基石，敬业是爱岗的升华。爱岗敬业指的是忠于职守的事业精神，这是职业道德的基础。爱岗就是热爱自己的工作岗位，热爱本职工作；敬业就是用一种恭敬严肃的态度对待自己的工作。

提倡爱岗敬业就要做到热爱本职工作，努力做到“干一行爱一行”。在平凡的岗位上严格要求自己，时时事事不忘创先争优；保持热情的工作态度和严谨的工作作风；认真树立职业理想，强化自己的职业责任；认真学习与职业有关的理论知识，提高职业技能，不断完善自我、提高自我，时刻保持努力学习的劲头，在工作中学习，在实践中学习，将学习作为一种良好的生活习惯。只有那些“干一行爱一行”的人，才能专心致志地搞好工作。如果只从兴趣出发，见异思迁，“干一行厌一行”，不仅自己的聪明才智得不到充分发挥，甚至会给工作带来损失。

提倡爱岗敬业就要努力培育敬业精神。敬业精神是人们基于对一件事情、一种职业的热爱而产生的一种全身心投入的精神，是社会对人们工作态度的一种道德要求。我们要热爱本职工作，扎扎实实地掌握好专业基本功，达到专业水平，力求“干一行爱一行，干一行专一行”，努力成为行家里手；要有强烈的事业心，具有事业心的人能根据自己的主、客观条件，确立经过努力可以达成的目标；要有勤勉的工作态度，因为对工作的了解与工作态度的认知成分密切相关，对工作的积极性与工作态度的行为成分密切相关，对工作的满意度则与工作态度的情感成分密切相关；要有强烈的进取意识，具有进取意识的人会为自己设定较高的工作目标，勇于迎接挑战，渴望有出色的工作成绩，争取更大更好的发展。

提倡爱岗敬业就要努力积累专业技能。敬业，必须有与岗位相适应的能力，只有有了能力才能出色地完成任务。如果只有敬业的良好意愿，却没有敬业所需要的素质和能力，敬业就无法落到实处。能力需要在工作实践中展现、检验、锻炼和提高，而敬业的精神力量可以转化为一种能力，从而调动自身其他能力的发挥，让工作效率得到极大的提高。2016

年 4 月 26 日，习近平总书记在知识分子、劳动模范、青年代表座谈会上指出：“素质是立身之基，技能是立业之本。广大劳动群众要勤于学习，学文化、学科学、学技能、学各方面知识，不断提高综合素质，练就过硬本领。”

二、乡村振兴离不开争创一流精神

追求争创一流是一种积极奋发的精神风貌，是一种凝心聚力的目标追求，可以内化为每个人工作的动力源泉。

争创一流就要树立高标准。争创一流是事业发展的主要目标和内在动力，是提高工作水平的基本前提和条件。如果工作标准低，工作质量就很难得到提高，遇到的困难就得不到克服，碰到的难题就得不到解决，久而久之就会形成思维上的惰性，以至于因循守旧、思想僵化、行动滞后、徘徊不前。争创一流就是在高起点上继续求高，在新起点上继续求新。争创一流从表面上看是行动的飞跃，从根本上讲是思维的飞跃。

争创一流就要追求最优。“取法乎上，仅得其中；取法乎中，得乎其下”。追求最优，需要坚持不懈，需要量变到质变的积淀；追求最优，需要创造性思维，保持积极思考的习惯，保持自身思维的独立性与前瞻性；追求最优，需要充满激情，积极主动地工作、学习和生活；追求最优，需要掌握好的方法，包括做人的方法、工作的方法和思考的方法。只有把追求最优作为对自己的一种要求，人生才会与众不同，才能争创一流。

争创一流要有进取心。进是一种前进的动力，人只有不断地学习、进步，才能不断地提高自己的能力，在工作中顽强拼搏、争创一流；取是指获取，但在获取之前需要有付出，有付出才有收获。进取心就是不满足于现状，坚持不懈地向新目标追求的心理状态。我们要把“下一个成功”当作自己努力的目标，永远保持一颗进取之心。在迈向成功的道路上，每当实现一个近期目标时，绝不应该骄傲自满，而应该相信最好的永远都在“下一个”，只有把原来的成功归零并作为新的起点，才能不断攀登新的高峰。

广大青年学子要在波澜壮阔的乡村振兴新征程中，勇立潮头，在农村的广阔天地中大施所能、大展才华、大显身手，给农业插上青春的翅膀。

三、乡村振兴离不开艰苦奋斗精神

艰苦奋斗是中华民族最鲜明的特征，是中华儿女引以为傲的民族精神。五千年的文明史也是中华民族的艰苦创业史、接续奋斗史，五千年文明薪火相传没有中断的重要原因就是中华民族有艰苦创业精神。从茹毛饮血到钻木取火，从刀耕火种到桑基鱼塘，从木制耧犁到智能机械，中华民族一路走来，始终重视对艰苦创业精神的塑造和弘扬。新中国成立以来，尤其在集体协作的助推下，涌现出一批带有鲜明时代特征的典型范例，如全凭人工开凿，在悬崖峭壁上修起一条长达几千公里"天河"的"红旗渠精神"；在荒无人烟的沼泽烂泥地上开垦土地，打造大粮仓，年产 500 多亿斤粮食，可供一亿多人一年口粮的"北大荒精神"；曾经激励一个时代的"大庆精神""大寨精神"；从"一棵松"到"百万亩"的"塞罕坝精神"；把不毛之地建成塞上绿洲的"右玉精神"等等。乡村振兴应该充分挖掘、发扬这种精神。广大青年学子，尤其是涉农专业高校学生，迫切需要继续发扬这种精神，把艰苦创业这个中华民族世代接续的"传家宝"传下去。特别是在脱贫攻坚与乡村振兴衔接的关键时期，补足艰苦创业的精神钙片，敢于直面问题，勇于破解难题，更是我们抓好各项工作的动力源。由勤入懒易，由懒入勤难；由俭入奢易，由奢入俭难。艰苦创业精神这个传家宝一旦失传，小则阻碍乡村振兴，大则危及家国发展。

四、乡村振兴离不开勇于创新精神

创新是一个民族进步的灵魂，是事业发展的不竭动力。一个全民创新的国家会更有力量，一个全员创新的企业会更有生机，一个自我创新的岗位也会更有作为。发展蕴含机遇，创新成就伟业。劳模勇于创新的精神是各行各业创新精神的总结，也是对青年学生的要求，更是值得永远传承的精神财富。创新是以新思维、新发明和新描述为特征的一种概念化过程，主要有三层含义：更新、创造新的东西、改变。创新是人类特有的认识能力和实践能力，是人类主观能动性的高级表现形式，是推动民族进步和社会发展的不竭动力。一个民族要想走在时代前列，就要时刻坚守创新思维。敢于突破老规矩，敢于打破旧框架，敢于接受新事物，创造性地建立新机制、制定新思路。

40 年多前，发端于凤阳县小岗村的"大包干"揭开了改革开放的序幕，18 户村民以"托孤"的形式，立下生死状，按下红手印，签订"大包干"契约，冲破体制机制障碍，为中国农村改革探索了方向、开辟了道路。今天，中国农村发展又到了新的历史节点，诸多体制机制障碍还没有真正破解。这些难题既有乡村内部的问题，也有如何与城市处理好关系的问题，这些都需要敢闯敢试、大胆探索，需要发扬改革创新、敢于担当的精神。

对青年学生来说，要做到勇于创新，最重要的就是培养创新思维、提高创新能力，其途径主要有以下三条：一是充实知识储备，蓄积创新能量。大学生创新主要靠知识技术。创新不仅需要专业知识，还需要管理、财务、法律、市场、人文等方面的知识，要求大学生具有对这些知识的获取、处理、加工和整合能力。大学生可以通过专业课和公共选修课的学习、修读第二学位、参加培训、社会实践等方式扩大自己的知识面。二是掌握创新技巧，发挥创新潜能。没有好的方法技巧是很难达到预期目的的，方法技巧是创新的途径和工具，大学生要通过学习与创新实践活动掌握类比、联想、设问、列举、组合、激励等创新创造技法，激发自己的创新潜能。三是强化实践锻炼，提高实践能力。各类竞赛都是提高大学生实践能力的一个重要载体，大学生可以通过参加适合自己的竞赛来提高自身的实践能力。积极参加各级大学生创新创业训练计划项目，通过项目申报、中期检查、结题来体验科学研究的全过程，既是对知识的探究，也是对知识、方法和技能的应用。

【耕读榜样】

返回家乡创伟业　带领村民奔小康

宋晓刚，男，汉族，1985 年 8 月出生，大学专科学历，中共党员，现任贵州省毕节市织金县山里农人土鸡生态养殖农场总经理、织金县宋氏禽业农民专业合作社理事长，曾参加贵州省青年农场主培训。

作为一名返乡创业大学生，一名中共党员，宋晓刚始终不忘初心、牢记使命、砥砺前行，全心全意为人民贡献自己的力量。当前，脱贫攻坚是头等大事，他在指导乡亲们从事家禽养殖的同时，大力宣讲党的方针政策，并将党的指导方针贯穿于实践中。

织金县绮陌街道阿烈村是国家级贫困村，农业基础设施落后、经济基础差、人民群众思想相对落后。毕节市出台了积极引导大学生、农民工、退伍军人返乡创业的相关文件，这对于宋晓刚来说是一次很好的机会。2016 年 7 月，宋晓刚成立了织金县宋氏禽业农民专业合作社，并担任合作社理事长。合作社以多种形式抱团发展，目前社员已达 12 家单位，辐射 6 个乡镇，直接和间接带动 50 余人创业就业。同时合作社搭建平台吸纳本村贫困户到合作社养鸡，统一组织鸡苗、饲料、防疫药品等材料购买，统一采购运输、统一包装、统一销售等，大大降低了养殖户的饲养成本，增加了农民收入。

宋晓刚认为要教会老百姓一技之长，扶他们上马，引导他们往正确的方向走。合作社成立以来，在宋晓刚的带领下，社员积极履行社会责任，投身脱贫攻坚工作。现阶段合作社占地 60 亩，建筑面积 1 600 平方米，股东 12 名，社员 200 余户，其中建档立卡贫困户 1 户，社员实现每月收入 3 175 元以上，建档立卡贫困户实现每月收入 2 400 元以上。合作社在脱贫攻坚工作中勇于担当，计划将本村的 765 户 2 876 人的就业问题纳入全面发展规划中，只要农户愿意创业，合作社将无偿进行技术培训，免费提供水电、交通、住宿等，做到产前、产中、产后一条龙服务。功夫不负有心人，通过几年的努力，在宋晓刚的带领下，合作社总结出一套生态养殖模式：每亩地建两个鸡舍，每个鸡舍 12 平方米，每个鸡舍放养 100 只鸡。这种模式下养殖的生态鸡运动量大，肌纤维粗、肉质好、价格高，平均每只鸡可以卖到 150 元。

宋晓刚也是一个热爱学习的人，他积极参加农民培训，抓住每一次的学习机会给自己充电。通过提升自身素质能力，给合作社注入新鲜血液和动力。

在宋晓刚的带领下，合作社取得了一定的成绩，先后被评为织金县大学生创业示范户、织金县创建省级创业型城市大学生创业示范企业、织金县绮陌街道党员创业带富示范基地、织金县绮陌街道阿烈村特色产业示范服务基地、2017年织金县爱心企业、织金县小微企业商会副会长单位。宋晓刚本人也获得毕节市青年联合会第二届委员会委员、织金县工商业联合会第十一届执行委员会成员、贵州省创业导师人才库成员、贵州省青年农场主优秀学员、贵州省高素质农民典型等荣誉。

展望未来，宋晓刚充满信心，他决心让广大消费者吃到生态、绿色、安全、健康的食品，同时谋求社员利益最大化，为乡村振兴贡献自己的力量。

五、乡村振兴离不开淡泊名利精神

淡泊名利是中华民族的传统美德，是做人的崇高境界。淡泊名利不是力不能及的无奈，也不是得陇望蜀的自赏，更非碌碌无为的哀叹，而是以超脱世俗、豁达客观的态度看待一切。劳模的业绩与淡泊名利的崇高精神密不可分。许多劳模几年、十几年，甚至几十年如一日，像螺丝钉一样把自己“拧”在平凡的工作岗位上，默默耕耘、奋斗不息，并且能做到清心寡欲、淡泊名利、脚踏实地地实现自己的人生理想和生命价值，成为全社会尊敬的先进人物。

实现乡村振兴，任务艰巨而繁重。一定要摒弃“当官发财”的思想，淡泊名利，正确对待个人得失，真正把实现乡村振兴目标视为人生的一大挑战和一种追求，做到一心向党、一心为民，切实忠诚党的事业，认真听从党的指挥，甘于为党和人民付出一切。

淡泊名利，就要努力做到清白做事，干净做人；办事公正，清正廉洁；一心为公，尽职尽责。树立正确的名利观，以平和之心对“名”，以知足之心对“利”；自觉坚持洁心、洁身、洁行；以廉为荣、以俭立身；耐得住艰苦、守得住清贫、抗得住诱惑，始终具有拒腐防变的能力。

要做到淡泊名利，就要慎初、慎独、慎微。我国自古有“三慎”（慎初、慎独、慎微）的修德美谈。这“三慎”都要求将全部的人格和生活奉献给高尚的道德追求。慎初是指谨慎于事情发生之初，在思想上筑牢第一道防线。人生贵善始，如果第一道防线被冲破了，往往会“兵败如山倒”。慎独是指一个人独处时能做到谨慎不苟，即使在别人看不到的情况下，也能洁身自好、问心无愧。慎独是一种情操、一种修养、一种自律、一种坦荡。慎微就是慎小事、慎小节，从小事做起，警钟长鸣，防微杜渐，“勿以善小而不为，勿以恶小而为之”。任何腐败都是从自身思想防线放松开始的，越微小越容易放松，因此对小事更应谨慎小心。

要做到淡泊名利，还要知足、知止、知耻。知足是指在生活需求和名利得失上要知道满足，不做过分的祈求。知足必常乐，常怀知足心，常念感恩情，在功利面前才会多一分淡定，在诱惑面前才会多一分坚毅，在得失面前才会多一分从容。知止就是知道如何停止、放下，做事有分寸，坚持自己的目标、原则和立场。知止是一种境界，追求的是适可而止、克制欲望。有欲望是正常的，可怕的是欲望没有止境，如果过分追名逐利，不懂节制，势必付出极大的代价。知耻就是有羞愧、耻辱之心，是个人道德自我意识的一种表现，是谴责自己的行为、动机、道德品质的一种道德约束。只有知耻，才能控制、约束自己，才能自觉规范自己的行为，才能在有了过失、错误时主动悔改。

【耕读榜样】

淡泊名利、守望初心，全心全意为人民服务

在湖南省武冈市湾头桥镇六家村，年近八十的刘国茂和蔼可亲、淳朴善良，是一位受人尊重的老党员。年轻时，他参过军，并多次受到奖励。但是一直以来，刘国茂都将立功受奖经历深埋在心底，严格按照党员标准要求自己，守望初心从不悔改，成为村民和儿女的好榜样。

从“门外汉”一跃成为老百姓竖大拇指的农技能手。“共产党一心为人民，让我一家人看到了生活的新希望！”已过耄耋之年的刘国茂心怀党恩，对儿时往事历历在目。1932 年，他出生在当地的一个贫苦家庭。因父母身患残疾、生活负担重，没有上过几天学的他，便成了父母的小帮手，砍柴、打禾、放牛、扯猪菜、煮饭等样样会做，早出晚归是常事。1949 年湖南和平解放，随后新中国成立，刘国茂和父母跟着党员干部一起打土豪、分田地，过上了幸福安稳的生活。1950 年 10 月，18 岁的刘国茂毅然决定报名参加抗美援朝战争，得到了父母的大力支持。此后，获得“和平万岁”勋章和抗美援朝纪念奖章的刘国茂，在战争胜利后继续留驻朝鲜保卫胜利果实，直至 1955 年才回国。1957 年 3 月，刘国茂正式退伍。没有向组织提任何要求的他，回到养育自己的故土当农民。1958 年，武冈县钢铁厂大量招收工人，刘国茂应征报名，由农民兄弟转身成为钢铁“老大哥”。发扬军人优良作风的他从不叫苦叫累，从普通的挑水工干起，逐渐成长为厂里的骨干力量，赢得了全厂上下的一致认可。钢铁厂从 1960 年开始压缩产能、精简人员，刘国茂二话没说，决定把机会留给需要帮助的人，自己则主动辞职回家种田。

1963 年，刘国茂加入中国共产党，同时也被推选为村里的民兵营长，这一干就是 12 年。因要求严格、管理规范、成绩喜人，刘国茂多次获得县乡两级表彰。村民们都说，刘国茂为维护村庄的长治久安做出了积极贡献，一直以来是大家最值得信赖的“守护神”。从民兵营长退下来后，刘国茂先是到生产大队经济场当场长，后又投身农业科研领域，担当生产大队农科所所长。对于全新的领域，完全是一片空白的他经常去先进公社学习取经，拜下乡知青为师，刻苦钻研制种育秧技术，把 25 亩试验田当作主阵地，写下了几本厚厚的学习

笔记。短短几个月时间，他从“门外汉”一跃成为生产大队群众竖起大拇指的农技能手。在刘国茂和一群优秀下乡知青的引领下，整个生产大队兴起了科学种田的热潮，粮食产量多次蝉联泉塘第一。之后，他上调到人民公社农科站任站长，带领群众扩大稻田种植面积，为国家贡献了一大批优质公粮。随着年龄的增长，不考虑个人待遇与得失的他主动提出“年轻人上”，急流勇退后继续发挥余热，通过“传帮带”助力年轻人快速成长。在刘国茂的悉心指导下，一批优秀年轻干部和农技员逐步成为农业科研领域的顶梁柱。

本可安享晚年，却开始关注支持家乡的乡村振兴事业。改革开放初期，刘国茂决定回乡务农，并被乡亲们推举为村民小组长。尽管家庭条件改善了，但是刘国茂依然严格要求子女，坚持艰苦朴素的优良作风，始终以身作则，从来不搞特殊化。乡亲邻里遇到生产生活难题，他定会尽力相帮，从收入中挤出一部分资金，帮助解决燃眉之急。在他的影响和感召下，大儿子刘祚炎于1978年入伍、1981年入党，参军13年里多次立功获奖，复员后在武冈市统计局的岗位上尽职尽责。其他几个子女也传承了好家风，和睦邻里、诚实做人、乐于奉献，成为远近有名的幸福美好家庭。外孙女杨丽萍从小听刘国茂讲抗美援朝的故事，耳濡目染后心向军营，通过不懈努力进入国防科技大学任教，多次担任全军比赛和晚会编导、演员，曾在全军文艺汇演中获奖，并受到国防科技大学嘉奖。任职学校舞蹈俱乐部主任的杨丽萍创作了一大批军味浓厚的舞蹈作品，深受广大官兵喜爱。作为总导演，她还成功举办军旅舞蹈专场，在全校师生中反响热烈。如今，本可安享晚年的刘国茂老人主动放弃优越的生活条件，仍然住在六家村，在支持乡村振兴事业的同时，担任爱国主义教育义务辅导员。他决心让红色基因代代相传，为实现中华民族伟大复兴的中国梦而不懈努力。

六、乡村振兴离不开甘于奉献精神

奉献精神是指为了维护社会集体利益或他人利益，个人能够自觉地让渡、舍弃自身利益的一种高尚品格。无论时代发生怎样的变化，奉献精神永远是鼓舞和激励人们奋发向上的巨大力量。奉献的内涵很丰富，包括不怕困难勇挑重担的精神，见义勇为助人为乐的无偿服务、不计报酬、不为私利的精神，以及勤勤恳恳忘我工作的精神。奉献是一种美德，是推动社会发展的基石。正是有人无私奉献，社会的物质财富和精神财富才会不断增加。甘于奉献先要有思想动力准备。立志为他人、为国家、为社会做奉献的人们，无论从事什么行业、做什么工作，也无论能力大小、经验多寡，只要树立了正确的世界观、人生观和价值观，坚持全心全意为人民服务，就能甘于奉献、勇于奉献。劳模之所以能做出巨大的奉献，是因为甘于奉献的强烈思想动力准备驱使他们做好本职工作，只要有需要，即使明知有困难和危险，他们也会挺身而出。

甘于奉献还需要知识能力准备。知识就是力量。有知识才能做出更大的奉献。在新知识不断涌现、新情况层出不穷的今天，想做出较大的奉献，就必须加强学习，做到终身学习，天天学习，工作学习化，学习工作化，提高知识储备的总量和质量，并善于用理性思考架起学习与应用的桥梁，边学边用，学用结合，使自己的思想水平和知识水平适应时代的需要，并通过主观与客观相互转化来不断提高自身能力。

甘于奉献还需要劳动付出准备。劳动是有目的地改造世界的活动，是人以体力和脑力的支出、生产物质与精神产品来满足人的需要的活动，因此要做出奉献，就必须付出劳动。甘于奉献的劳动付出准备是不求回报、不计报酬，甚至牺牲生命的。时代发展浩荡向前，精神之火永不熄灭。伟大的时代呼唤伟大的精神，崇高的事业需要榜样的引领。

大力实施乡村振兴战略，需要各类人才埋头苦干、久久为功。优秀的人才来到基层，为农村的发展贡献出不可磨灭的力量，尤其是愿意放弃高薪、优厚待遇来到艰苦环境工作的技术人才，更是我们学习的楷模，要大力学习和弘扬这种奉献精神，把个人追求与国家发展、社会进步紧密联系在一起，拓展生命的维度，把淡泊名利、甘于奉献转化为自己的信念动力，并融入自觉行动中，争做不务空名的行动者和兢兢业业的奉献者。不忘初心，砥砺前行，把自己的梦想融入实现中华民族伟大复兴的中国梦这一波澜壮阔的奋斗过程之中，书写无愧于时代的人生精彩画卷。

【耕读榜样】

不忘初心返家乡　甘于奉献创发展

古丽努尔·米吉提，女，维吾尔族，1992年12月出生，大学本科学历。2017年6月，古丽努尔·米吉提从山东农业大学动物医学系毕业后，放弃了大城市优越的发展条件，选择回村发展，将所学用于造福家乡父老乡亲。她创办了新和县为民养殖农民专业合作社，带动群众脱贫致富，做了大量卓有成效的工作。

学以致用，组织培训。新和县属于半农半牧县，具有悠久的养牛历史，养牛业在畜牧业中占有较大比重。古丽努尔·米吉提发挥自身专业优势，结合当地的发展现状，按照当地农业农村部门关于畜牧业的发展思路，做强长板、补齐短板，带领合作社大力发展。新和县为民养殖农民专业合作社注册资金100万元，成立之初社员仅5人，到现在已扩大到33人，其中党员4人。2017年合作社成立以来，主要以肉牛养殖为主，业务范围包括畜牧养殖、销售、收购，品种改良、养殖技术指导，饲料加工与销售，农副产品生产与销售，家禽养殖与销售等。合作社以诚信树立品牌，以科学创造价值为核心，以服务万家、带动万家、致富万家为目标，在县农业农村部门和镇党委、政府的大力支持帮助下，通过广大社员的共同努力，发展规模日益壮大，为新和县依其艾日克镇农民致富创造了良好平台。截至2019年底，合作社有肉牛标准化圈舍40栋，每棚圈720平方米，棚圈内牛存栏68 404头，出栏3 580头，其他配套设施一应俱全。

在合作社发展的同时，古丽努尔·米吉提充分发挥养牛示范基地、示范户的辐射带动作用，与县农业广播电视学校密切对接，以提高肉牛养殖户的技术能力为出发点，以转变传统养殖方式为突破口，以增加农民收入为核心，以科技进步和机制创新为动力，主推黄牛冻配改良、标准化养殖两项技术，狠抓基础母牛补栏和肉牛增量两个重点，抓好对周边农民的培训。她自己既是学员也是老师，对促进当地肉牛产业发展起到了推动作用。截至2019年底，合作社与新和县农业广播电视学校合作培训养殖大户400余人次。

创新发展，研发项目。长期以来合作社注重养殖场废弃物无害化处理、资源化利用等方面的研究工作，开展了农家肥高温发酵技术示范与推广项目，充分运用有机肥高温发酵技术，对农村废弃物和牲畜粪便进行无害化处理，获得了阿克苏地区农业农村局颁发的有机肥登记证书，注册了“农兴发”商标。合作社自成立以来，累计生产有机肥2万多吨，农家肥高温发酵技术示范与推广项目于2017年获得新和县科技进步三等奖，2018年获得阿克苏地区科技进步三等奖。合作社被新疆维吾尔自治区农业农村厅评为自治区农民专业合作社示范社，获得阿克苏地区龙头企业荣誉称号等。合作社自成立以来，完成国家级科研项目3项，自治区级建设项目5项，并全部验收合格，参与承办地区级观摩会6场次、地县两级畜牧工作现场会10场次，为养殖业及当地经济发展做出了一定贡献。

示范带动，回馈社会。合作社成立以来，累计培训农民1 000余人次，直接带动农户137户、间接带动农户4 000多户增收。2017年底，合作社为依其艾日克镇60名贫困农户分红60万元；2018年底，为依其艾日克镇281名农民群众分红64万元。在合作社的示范带动下，当地农民的口袋鼓起来了，脸上笑开了花。合作社还编制了《肉牛标准化规模养殖技术》《养殖场废弃无害化处理技术》3种技术手册，制作技术专题片2部，将合作社的肉牛养殖和废弃物处理等先进经验向全县乃至周边市县推广，发挥示范引领作用。展望未来，古丽努尔·米吉提有信心继续做大做强，她决心将养殖方面的新知识、新技术以及经验传授给更多的农民群众，帮助他们提高科学养殖技术水平，从而实现共同致富的目标。

【田野躬耕】

利用寒暑假返乡期间，深入乡村体验民生，倾听广大群众的声音，针对基层经济社会发展和人民群众生产生活中的实际问题，为发展乡村产业、改善基础设施、美化乡村环境、提升公共服务、助推乡风文明、贡献青春智慧、青春力量。

课后练习

1.(　　)是指为了维护社会集体利益或他人利益,个人能够自觉地让渡、舍弃自身利益的一种高尚品格。

2.(　　)是在社会主义建设事业中成绩卓著的劳动者,经职工民主评选、有关部门审核和政府审批后被授予的荣誉称号。

3.(　　)是劳动群体先进性的集中体现和高度浓缩,是植根于中国大地、反映中国劳动者意愿、适应中国和时代发展要求的精神品格。

4.劳模精神的意义是(　　)、(　　)、(　　)、(　　)、(　　)、(　　)。

5.新时代劳模精神的内涵包括(　　)、(　　)、(　　)。

6.乡村振兴离不开(　　)、(　　)、(　　)、(　　)、(　　)、(　　)。

7.(　　)是指图书、报刊下乡,送戏下乡,电影、电视下乡,开展群众性文化活动。

8.(　　)是指科技人员下乡,科技信息下乡,开展科普活动。

9.(　　)是指医务人员下乡,扶持乡村卫生组织,培训农村卫生人员,参与和推动当地合作医疗事业发展。

10.志愿者应具备的条件是(　　)、(　　)、(　　)、(　　)、(　　)。

第八章　筑牢乡村振兴　志愿服务同行

学习目标

知识目标：了解乡村志愿服务和志愿服务精神内涵；积极参与乡村振兴志愿者活动；提升乡村振兴志愿者技能技巧。

能力目标：践行志愿服务精神；运用志愿服务技巧和技能参与乡村振兴建设。

素养目标：弘扬中华民族勤劳的传统美德；厚植知农爱农情怀。

【课堂导入】

乡村振兴战略

2017 年 10 月 18 日，党的十九大报告中提出乡村振兴战略。实施乡村振兴战略，农业、农村、农民问题是关系国计民生的根本性问题，必须始终把解决好“三农”问题作为全党工作重中之重。2018 年 2 月 4 日，国家公布了 2018 年中央一号文件，即《中共中央国务院关于实施乡村振兴战略的意见》。2018 年 3 月 5 日《政府工作报告》中指出，大力实施乡村振兴战略，要坚持农业农村优先发展，巩固和完善农村基本经营制度，保持土地承包关系稳定并长久不变，第二轮土地承包到期后再延长三十年。确保国家粮食安全，把中国人的饭碗牢牢端在自己手中。加强农村基层基础工作，培养造就一支懂农业、爱农村、爱农民的“三农”工作队伍。按照党的十九大提出的决胜全面建成小康社会、分两个阶段实现“两个一百年”奋斗目标的战略安排，明确实施乡村振兴战略的目标任务和基本原则：到 2020 年，乡村振兴取得重要进展，制度框架和政策体系基本形成；到 2035 年乡村振兴取得决定性进展，农业农村现代化基本实现；到 2050 年，乡村全面振兴，农业强、农村美、农民富全面实现。

思考：请同学们谈一谈大家能为乡村振兴做些什么。

第一节　投身志愿服务　传承志愿精神

志愿服务是现代社会文明进步的重要标志，是加强精神文明建设，培育社会主义核心价值观的重要内容。志愿服务是倡导社会主义核心价值观、弘扬中华民族传统美德的有效形式，也是创新社会管理、推进国家治理体系和治理能力现代化的重要体现，为中华民族伟大复兴的中国梦提供了强大精神动力和道德支撑。党的十八大报告指出，全面提高公民道德素质的举措之一，就是要深化群众性精神文明创建活动，广泛开展志愿服务，深入开展城乡社会志愿服务活动，大力发展与政府服务、市场服务相衔接的社会志愿服务体系。广大志愿者、志愿服务组织、志愿服务工作者为他人送温暖、为社会做贡献，充分彰显了理想信念、爱心善意、责任担当，成为人民有信仰、国家有力量、民族有希望的生动体现。志愿活动从多方面铸就劳动观念、劳动态度和劳动习惯，培育团队精神，塑造我们正确的人生观、价值观和世界观。

一、志愿服务内涵

志愿服务是指志愿者、志愿服务组织和其他组织自愿、无偿向社会或者他人提供的公益服务。志愿者可以参与志愿服务组织开展的志愿服务活动，也可以自行依法开展志愿服务活动。志愿服务，泛指利用私人的时间、职业技能、资源和爱心为社区、社会提供公益性的、无偿的、非职业化的援助行为。

志愿者具有志愿性、无偿性、公益性、组织性四大特性。每个人都有参与社会事务的权利和促进社会进步的能力，同样每个人都有促进社会繁荣进步的义务和责任。参与志愿者服务工作是表达这种权利和义务的有效形式。在服务他人、服务社会的同时，自身志愿服务的理念和志愿服务精神也得到提高、完善和发展，精神和心灵也得到了满足。

参与志愿者服务活动既是“助人”，也是“自助”；既是“乐人”，同时也是“乐己”。参与志愿服务，在帮助他人、服务社会的同时也传递了爱心、传播了文明。通过志愿者服务，可以有效地拉近人与人之间的心灵距离，减少疏远感，并对缓解矛盾、促进稳定具有一定的积极作用。

二、志愿服务精神

在联合国志愿服务组织的网页上，志愿者精神是这样表达的：“志愿者服务是一种在自愿的、不计报酬或收入的条件下参与推动人类发展、促进社会进步和完善社区工作的精神”,它是“公众参与社会生活的一种重要的方式”,是“个人对生命价值、社会、人类和人生观的一种积极态度”。

志愿精神的核心是服务,从这个意义上说,志愿精神是联合国精神的最终体现,更是人文精神的最高级表现形式。志愿服务的精神概括起来就是:奉献、友爱、互助、进步。

(一)奉献

奉献是指恭敬地交付、呈献,即不求回报地付出。奉献精神是高尚的,是志愿服务精神的精髓。志愿者在不计报酬、不求名利、不要特权的情况下参与推动人类发展、促进社会进步的活动,这些都体现着高尚的奉献精神。1938 年,白求恩大夫放弃优越的物质条件,不远万里从加拿大来到中国,为伤者提供医疗救治服务,帮助创办了军区卫生学校,亲自编写各种教材并授课。1939 年秋,他在抢救伤员时因不幸感染病毒而牺牲。白求恩大夫将自己的生命奉献给了中国,这种国际主义精神也是奉献精神的重要体现。

(二)友爱

志愿服务精神提倡志愿者欣赏他人、与人为善、有爱无碍、平等尊重,这便是友爱精神。志愿者之爱跨越了国界、职业和贫富差距,是没有文化差异,没有民族之分,没有收入高低的平等之爱,它让社会充满阳光般的温暖。如无国界医生,他们不分种族、政治及宗教信仰,为受天灾、人祸及战火影响的受害者提供人道援助,他们的奉献是超越国界的爱。

(三)互助

志愿服务包含着深刻的互助精神,它提倡“互相帮助、助人自助”。志愿者凭借自己的双手、头脑、知识、爱心开展各种志愿服务活动,帮助那些处于困难和危机中的人们。志愿服务者以“互助”精神唤醒了许多人内心的仁爱和慈善,使他们付出所有,持之以恒地真心奉献。帮助人们走出困境,自强自立,重返生活舞台。受助者获得生活的能力后,也会投入关心他人、帮助他人、为社会做贡献的志愿活动中,这些志愿活动都涵盖了深刻的“互助”精神。

(四)进步

进步精神是志愿服务精神的重要组成部分,志愿者通过参与志愿服务,使自己的能力得到提高,同时促进了社会的进步。在志愿活动中无处不体现着“进步”的精神,正是这一精神使人们甘心付出,促进社会和谐。

三、志愿者应具备的条件

志愿者应具备的条件如下：

热爱公益事业，希望为公益活动做出自己的一份贡献。

严肃工作作风与工作纪律。工作时间不得离开工作岗位，如有特殊情况需离开岗位，应征得负责人的同意并按时返回。未经同意离开的视为脱岗，造成后果的具体情况酌情处理；认真履行请、销假制度。服从指挥，能听从组织和学校安排。

艰苦朴素，谦虚谨慎。不以任何形式增加服务单位和受援地的经济负担；不提出超出服务岗位必需及当地客观条件的物质要求。

不计较个人得失。严于律己，不得以任何理由接受服务对象的钱物；不以志愿者身份从事任何营利性活动和一切有悖于志愿者精神的活动。

按时完成指定的工作任务和项目，保证服务质量；在认真完成本职工作的同时，积极参与其他志愿服务活动。

洁身自爱，树立形象。不酗酒、不赌博、不斗殴，严肃工作和生活作风，维护志愿者形象；尊重当地风俗习惯，与当地群众和睦相处。

工作时间保持通信畅通，遇到问题及时反馈。负责人必须保持 24 小时通信畅通，以便随时掌握每位志愿者的情况。

强化安全、责任、保密意识，在工作中做到安全服务。服务期间要服从统一安排，注意人身和财物安全，不得到江河湖塘游泳，夜间不得单独外出。遇到突发事件时应冷静对待，谨慎行事，任何情况下不得与服务对象发生冲突。

【耕读榜样】

做“人刀合一”的创新王者

削、锉、磨、抛……随着行云流水的动作，一个金属圆球在他手中幻化成了一个方的正十二面体，棱角分明，光洁如镜，如钻石般熠熠生辉，这位表演者，名叫李凯军，一汽铸造公司产品技术部首席技能大师。

“这套用来生产重型车变速箱中壳的模具，是国内最大、最复杂的压铸模具之一，也是一汽首次自主研发制造的模具。只许成功，不许失败！”2003 年，一汽公司接到任务。

质量要求高、工艺复杂、限时工期短……面对重重困难，李凯军迎头而上，经过仔细分析，他大胆创新操作方法 20 多种，不仅成功破解了难题，还节约了一半工期。不久，该套模具在上海国际模具展上摘得金奖，大批国内外采购商接踵而来。近几年，李凯军带队完成国内外各种复杂模具1 200余套，总产值达6亿多元，其中创新改进项目600余项，创造价值2 000多万元，多项技术填补了业内空白。

四、当代青年志愿服务的意义

当代青年开展中国青年志愿服务，推动社会主义精神文明建设，促进社会主义市场经济体制的建立和完善，提高青年整体素质，为经济社会的协调发展和全面进步做出贡献。青年志愿者行动是随着社会主义市场经济的发展应运而生的，它着眼于服务改革、发展、稳定的大局和人民群众基本的生产生活需求，为促进社会主义市场经济体制的建立和完善服务，为社会主义精神文明建设服务。开展青年志愿者行动，就是要立足社会需求，在党政关注、群众急需、青年热心的好事和急事上有所作为，通过青年志愿者的实际行动，在社会上倡导团结友爱、助人为乐、见义勇为、无私奉献的新风和正气，弘扬爱国主义、集体主义和社会主义精神，促进社会风气的进一步好转，同时也使青年在服务社会、帮助他人的过程中树立适应社会主义市场经济发展要求的社会公德意识和责任、义务观念，提高自己的思想道德和科学文化素质。实践表明，青年志愿者行动是新的历史时期我国青年运动的新发展，是动员广大青年参与社会主义精神文明建设的新载体，是青少年在实践中经受锻炼、完善自己的新课堂，是共青团服从服务全党全国工作大局、发挥助手和后备军作用的新途径。

第二节　参与志愿服务　彰显社会价值

为了促进农村文化建设，改善农村社会风气，密切党群、干群关系，深入贯彻党的十四届六中全会精神，大力推进农村精神文明建设，满足广大农民的精神文化生活需求。20世纪80年代初，团中央首次号召全国大学生在暑期开展“三下乡”社会实践活动。1996年12月，中央宣传部、国家科委、农业部、文化部等十部委联合下发《关于开展文化科技卫生“三下乡”活动的通知》。1997年，“三下乡”活动在全国正式开展。“三下乡”即有关文化、科技、卫生方面的内容知识在农村普及，促进农村文化、科技、卫生的发展。大力开展文化、科技、卫生“三下乡”活动，是我们党全心全意为人民服务宗旨的具体体现。

文化下乡：图书、报刊下乡，送戏下乡，电影、电视下乡，开展群众性文化活动。

科技下乡：科技人员下乡，科技信息下乡，开展科普活动。

卫生下乡：医务人员下乡，扶持乡村卫生组织，培训农村卫生人员，参与和推动当地合作医疗事业发展。

一、"三下乡"社会实践活动

(一)"三下乡"社会实践概述

2013 年中宣部等 14 个部门下发了《关于 2013 年深入开展文化科技卫生"三下乡"活动的通知》,加大工作力度,切实负起责任,努力把"三下乡"活动提高到一个新水平。

"三下乡"社会实践活动的开展自中宣部等十部委联合下发《通知》以来,科协系统积极开展"科普之冬""科技之春""科普宣传周(月)""科普千里行""科普百乡行""少数民族科普示范工程"等科技下乡活动。

卫生系统积极送卫生下乡,促进农村卫生事业的发展。各高校系统的大学生在文化下乡中发挥了重要作用,通过"三下乡"实践活动既促进了先进生产力的发展,又帮助和引导大学生按先进生产力发展要求成长成才;既传播了先进文化,又帮助和引导大学生接受先进文化的哺育;既服务了人民群众的根本利益,又服务了大学生的全面发展。

"三下乡"活动将组织活动与机制建设相结合,既抓住当前效果,也考虑长远利益,通过有效的工作机制,保证"三下乡",常下乡;把"送"与"用"结合起来,在"用"字上着力,在提高效果上下功夫;把"送"与"建"结合起来,在送的过程中,着眼于加强阵地队伍设施建设,增强农村经济的造血功能。

文化科技卫生"三下乡"是服务基层、服务"三农"的重要惠民活动,在促进农村经济社会发展等方面发挥了积极作用。来自宣传、文化、科技、卫生等数十个部门的专家露天"摆摊设点",为群众提供党的十八大精神宣传、科技大篷车、医疗义诊、法律咨询等现场服务,并举办医疗讲座、农技推广等培训。科普图书、医疗设备、电脑、药品等被送进乡村、医院和学校。同时还开展深入农村、社区调研,慰问老英模、老党员、道德模范等活动。

(二)"三下乡"的意义

通过"三下乡"活动,把发展经济、建设小康和脱贫攻坚结合起来,为农村工作服务,为农民致富服务;把集中活动与经常工作结合起来,抓好集中活动,发挥示范作用,做好日常工作,满足农民需要;把日常活动与雪中送炭结合起来,突出工作重点,着重帮助贫困地区的农民;通过"三下乡"活动,引导农民解放思想,更新观念,提高素质,增强致富能力;通过"三下乡"活动,使各部门的业务工作更好地结合起来,服务农民,锻炼队伍,推动部门工作,加强自身建设;培育农村文化市场,制定政策措施,多渠道、多形式引导扶持农村文化科技卫生事业的繁荣发展。

大学生的"三下乡"社会实践活动尽管涉及面广,内容丰富,但也必须与农村实际需要相结合。在大学生“三下乡”社会实践活动中，大学生应该紧密结合所学专业技术知识，在农村开展多种形式的先进科技文化知识和生活观念的宣讲活动。大学生参与新农村建设为大学生了解中国国情开启了一扇窗口，密切了高等教育与新农村建设的关系，有益于高校建立针对性和切合实际的促进新农村建设的策略和途径。同时，大学生也可通过“三下乡”活动丰富自己人生经历，提高自身素质。

二、新时代实践行“三下乡”活动

《中共中央办公厅印发〈关于建设新时代文明实践中心试点工作的指导意见〉的通知》可以从以下几个方面理解：

（一）目标定位

承担举旗帜、聚民心、育新人、兴文化、展形象的使命任务，围绕培育文明乡风、良好家风、淳朴民风，统筹城乡互动，宣传思想政策，传递文明风尚，打通宣传群众、教育群众、关心群众、服务群众的“最后一公里”，打造融思想引领、道德教化、文化传承等多种功能于一体的基层综合平台，建设“传播思想、实践文明、成就梦想”的百姓之家。

（二）组织架构

构建“实践中心——实践分中心——实践站（所）”三级组织体系，形成新时代文明实践合力。县级层面，成立新时代文明实践中心；镇（街、园、区）层面，成立新时代文明实践分中心；村（社区）层面，成立新时代文明实践站。县直属部门、企事业单位层面，成立新时代文明实践站。

（三）主要内容

传思想：持续深入学习宣传习近平新时代中国特色社会主义思想。

传政策：深入宣讲新旧动能转换、乡村振兴战略、法治建设实践以及农村教育、医疗、环境等各方面的方针政策，宣传相关法律法规知识。

传道德：大力弘扬社会主义核心价值观，积极倡导社会公德、职业道德、家庭美德、个人品德，培育崇德向善、文明有礼的社会风尚。

传文化：弘扬中华优秀传统文化、红色文化，传习文学艺术、绘画书法、传统习俗。

传技能：组织开展劳动技能、科学技术、健康保健、传统技艺等实践活动，满足不同群体的工作生活需要。

（四）阵地建设

新时代文明实践中心（分中心、站）建设既要规范统一，又要讲究实际、突出特色，做到“五有”，即有固定场所、有专人管理、有活动模式、有鲜明主题、有制度机制。

（五）队伍建设

依托志愿服务队伍和志愿者，组建政治过硬、素质优良、结构合理、专兼结合的文明实践队伍，打造一支聚集各类人才、有能力、有热情、靠得住、敢担当的文明实践主力军。重点组建以下五支队伍。

专家队伍：重点用好以理论宣讲团、党校教师、职能部门业务骨干为支撑的专家队伍，传播党的理论和政策。

专业队伍：重点用好文化艺术人才、民间文艺骨干、非物质文化遗产传承人、农村能手以及优秀法律从业者、科技人才、医务工作者等各类专家人才，做好传文化、传技能、传知识等工作。

村（社区）志愿者队伍：重点发挥好返乡党员干部、退休职工、社会能人、调解员等作用，组建村（社区）志愿者队伍，推动社会主义核心价值观扎根乡村，传递文明乡风。

五老队伍：重点发挥好老党员、老干部、老战士、老教师、老模范等志愿者队伍关爱帮扶未成年人的作用，做好学校文明实践工作。

百姓宣讲队伍：组织宣传身边好人、道德模范、文明家庭、最美系列人物等先进典型，通过身边人讲身边事、身边事教育身边人的方式，让广大群众接受文明洗礼，体会“身边的感动”。

（六）实践形式

“讲”：全面深入宣讲。采取集中辅导报告、讲座、培训或分散小型、面对面的咨询、访问、恳谈、交心、拉家常等形式，宣讲理论政策，倡导树立文化道德。

“评”：群众互动评议。利用“星级文明户”评选、善行义举四德榜等形式，组织群众对社会上和发生在身边的思想道德现象开展评议，推荐身边好人、道德模范，褒奖善行义举、惩戒失德行为。

“帮”：真情关爱帮扶组织。机关干部、文明使者、志愿者采取上门拜访、心理疏导、公益帮扶、对口关爱等方式，培育邻里互助、守望相助、患难相恤的社会风尚。

“乐”：多彩文化乐民。开展形式多样、广纳群众参与的文化活动，活跃繁荣基层文化生活。

"庆":庆典仪式传承。有计划地举行节日庆典活动,并以群众婚丧嫁娶等重要节点为仪式,培育文明礼仪,传承优秀传统文化。

山东畜牧兽医职业学院"科技服务万里行青海服务队"走进青海

山东畜牧兽医职业学院服务专家队走进重庆丰都县

第三节 加深志愿理念 提升服务技巧

“纸上得来终觉浅，绝知此事要躬行。”志愿活动不仅需要热情，而且需要技能，雷锋对待工作总是干一行、定一行、钻一行。走近榜样，感受事迹，得到激发，青年志愿者也应该扎实提高技能，用真心服务好身边人，在平凡岗位做出不平凡的事。

一、乡村志愿服务原则

（一）自愿性原则

志愿服务必须是自愿参加的。这个自愿是主动的而不是被动的，是自觉的而不是强迫的。自愿性是志愿者服务的基本特征之一，可以通过有组织的方式去动员志愿者，但应该让每个志愿者都在没有任何压力的情况下自愿投入志愿服务之中。相反，如果一些志愿服务不是每个人都自愿参加，而是在某些组织或个人的强迫和压力下参与，其社会意义就会大打折扣。被迫参与志愿者服务之中的人员不是真正意义上的志愿者，他们即使参加了志愿服务活动，也很难持续发挥积极的作用。强制参与、强制奉献、募集摊派或变相摊派，对志愿者进行单位化管理，都是不符合公益活动的自愿性原则的。

（二）公益唯一性原则

志愿服务不应该被当成达到其他目的的手段。志愿者服务的非工具性包括对志愿服务者的非工具性和对服务组织者的非工具性两个方面。就志愿服务者而言，在提供志愿服务时应该始终坚持以利他和公益为基本目标。志愿者服务可以获得回报，但不该以获得回报为基本目的，即使在完全没有回报的情况下也应该能够坚持志愿服务。服务活动的组织者也应具有非工具性，即志愿者的服务不应该被大量用来达到服务以外的目标，不论是经济目标还是其他政治目标或社会目标，否则会损伤志愿者服务动机。公益唯一性还体现在志愿者不能私自替服务对象进行工作计划以外的服务内容。

（三）非牺牲原则

非牺牲原则的内涵在于，我们并不要求志愿者或者公益机构一定要以一种牺牲自己的形式来实现公益行为和目标。大家完全可以根据自己能够提供的资源和服务，在不牺牲根本利益和影响自己生活的情况下，做好社会服务和公益事业。志愿者个人可以做出是否牺牲个人利益的决定，但公益组织不能强制或倡导志愿者牺牲个体利益去参加公益活动。在社会整体效率和利益提高的同时，不以部分人的利益牺牲和社会冲突为代价，这种形式的社会发展是最健康的社会进步模式。

(四)量力而行原则

要根据公益组织自身人力、物力、财力条件允许的程度来开展工作,现实生活中,服务的需求是多方面和多层次的,志愿服务一定从实际出发,从社会需求的实际出发,把主观愿望和客观实际相结合,把社会需求和服务能力相结合,实事求是,量力而行。分清什么是现在能做到的,什么是下一步才能做到的,什么是将来才能做到的,还有什么是我们做不到的。我们既不能无所作为,也不可能包打天下。

社会需要关注的方面很多,志愿者可以在许多方面有所作为,但是志愿者组织和公益组织的力量都是有限的,不可能满足所有的需求,不是所有的社会需求都适合志愿者完成,公益组织和志愿者应该量力而行、找准定位,有所为,有所不为。

(五)对服务对象的尊重和平等原则

在公益活动中对受助对象应坚持互相帮助的平等精神,不应有"施予"的心理和"救世主"的态度;在活动中不能以高高在上的姿态和受助人对话,要尊重服务对象的权益,不随意公开服务对象的情况或资料;不能"好心办坏事",要充分考虑服务对象的权益不被侵害。

(六)效率原则

志愿服务应该讲求效益和效率。志愿者的付出是非常稀缺而宝贵的公益资源,在公益活动中要倍加珍惜。不应该只是为了做事情才行动,而不看行动的结果。组织者应当充分衡量公益活动投入产出的价值关系,做出决策。无节制地使用志愿服务资源,将影响公益活动的可持续发展,对志愿者的积极性也是一种挫伤。因此,志愿者服务还应该讲求效率,尽量做到低投入、高产出。将"重行动本身而不重行动后果"的行为模式转化为"既重行动本身,也重行动后果"模式。合理地调动志愿服务的人力和其他公益资源,使其服务活动能最大限度地发挥实效。

(七)安全性原则

志愿服务是一种奉献行为,但不需要牺牲,行有余力的参与才值得肯定。重大安全事故会对公益组织的公信力、组织能力、可持续发展能力产生重大影响,引发公益组织的生存危机。因此,安全性原则应该作为公益活动的第一原则,甚至其他原则都应该从属于安全性原则。组织公益活动时,组织者应该对活动的安全状况认真评估,在进行安全状况评估时要遵循谨慎性原则。不能将志愿者置于危险的境地,要制定保障志愿者安全的措施,对志愿者进行安全教育,制定安全纪律。在安全与公益活动进程发生冲突时,宁愿终止活动也要保障安全,决不能冒险行事。同时,在公益活动中对公益组织、志愿者财物的安全保障应该纳入行动规划，并制定严格保障措施，避免发生严重的财物损失。

（八）非商业化原则

在资本市场化的环境下，公益活动很少能脱离商业化的影响。公益活动必须严格把握商业化和公益活动结合的程度的问题。在市场化募集公益资金的过程中要确保公益的主体性原则。

在社会效益第一的前提下达到公益组织、合作企业的双赢，不能不顾公益利益和社会效益变相将公益作为企业谋利的工具。志愿者应该多替代政府，少替代私人，志愿者一般不能被用来帮助企业营利。志愿者不得与服务对象或其家属有任何形式的金钱或物质交易，也不得接受服务对象的礼物馈赠。

（九）尊重、宽容和包容原则

公益活动的参与者把爱由己推人，洒向大众的同时，其实更应该把这样的爱传递给自己的同伴。大家在活动中应该相互理解，相互尊重。秉持严以律己，宽以待人，己所不欲，勿施于人的原则。

应该充分尊重志愿者的劳动，充分理解组织者付出的艰辛。对活动中出现的问题理性看待，不应该过于苛责。提出问题的方式和态度应该尽量理性宽容，目的只能是下一次更好，不能对活动参与者或组织者进行人身攻击。不能因为在活动中出现失误就任意对组织者或参与者进行人格方面的负面评价。活动参与者和组织者，应该虚心对待同伴们的建议和批评，对理性公允的提议和批评应该做出积极善意的回应。不能以“我是在做好事”“别人没有参与就没有发言权”等理由来拒绝别人的批评和监督。

二、大学生乡村振兴志愿服务技能与技巧

(一)志愿者工作的应变技巧

志愿者从事志愿服务工作时,必须掌握一些通用的工作技巧,如应变沟通技巧和合作技巧等,这些技巧无论对于志愿者做哪一项志愿工作都十分重要。志愿者进行社会服务,并不是一项简单、机械的工作,在服务过程中经常会遇到一些突发事件。如何处理好突发事件对志愿者工作能否顺利完成起着非常重要的作用。由于突发事件都是出乎意料、防不胜防的,处理起来比较棘手,因此处理此类事件,除了要求志愿者要有广博的知识和良好的心理素质外,还需要具备一定的应变能力和技巧。所谓应变能力,就是条件、对手等发生变化时,能够及时采取措施迅速加以应对的能力。下面从注重积累和临场发挥两方面介绍如何培养志愿者工作的应变能力和技巧。

1. 注重积累

突发事件的发生具有较大的随机性,一般无法预测,而且往往不可限制,因而常常使人措手不及。但并非所有的突发事件都无法预见,志愿者要善于学习和思考,主动学习他人的经验,培养自己的应变能力,为能够正确处理在志愿服务过程中的突发事件做好准备。

认真参加各项培训活动。在志愿服务开展之前,志愿服务的组织方往往会举办一些培训活动,以提高志愿者的服务能力和技巧。培训讲师通常是某项社会服务或活动专家,他们在工作中积累了相当丰富的经验,认真学习他们的工作方法将对自己进行社会服务起到积极的作用。

经常向有经验者请教。志愿者初次参加社会服务工作时,往往经验不足。在工作开始时,向专家请教是十分明智的,他们可以帮助你消除紧张心理,并传授一些心得体会。

扩大个人的交往范围。无论家庭、学校还是小团体,都是社会的一个缩影,在这些相对较小的范围内,我们可能会遇到许多需要应变能力才能解决的问题。因此,只有首先学会应对各种各样的人,才能有能力应付各种复杂环境。只有提高自己在较小范围内的应变能力,才能有能力应付更为复杂的社会问题。实际上,扩大自己的社交范围,也是一个不断实践的过程。

加强自身的修养。应变能力高的人往往能够在复杂的环境中沉着应对,而不是紧张和莽撞行事。在工作、学习和日常生活中,遇事要沉着冷静,学会自我检查。自我监督、自我鼓励有助于培养良好的应变能力。

2. 临场发挥

正确处理突发事件除了需要志愿者平日多做准备之外，临场的发挥也很重要。志愿者在处理突发事件时，需要掌握以下原则。

保持镇定，冷静思考对策。在志愿者工作的过程中，如果发生了突发事件，志愿者首先不能惊慌失措，应该保持镇定，尽快全面了解事件的具体经过，判明有关情况，积极寻找对策。如果志愿者没有冷静的头脑，不能做到处变不惊、镇定自若，那么就容易产生心理震荡和情绪波动，这反而会给突发事件的处理带来更大的障碍，使事态进一步恶化。因此，志愿者在面对突发事件时，必须学会控制自己的情绪，做到沉着冷静，在准确判断的基础上确立对策，实施有效的措施。

随机应变，寻找最有效的方案。面对突发事件，志愿者要充分发挥主观能动性，保持敏捷的反应能力，在短时间内做出准确的判断，寻找最有效的解决方案。面对突发灾害、事件，是不允许迟疑不决的，必须快速反应，迅速做出判断。突然的变化来得快，来得意外，人们不可能了解得很深刻、全面，也无法仔细推敲，但不及时做出反应又可能变得被动，这时必须当机立断，在行动中继续收集信息，观察变化，调整行动方案。面对突发情况，还必须具备准确的判断能力，在准确判断的基础上，建立起决策的整个支持系统。判断准确的基础是掌握真实情况、具有丰富的知识储备和对问题的准确理解，这意味着志愿者在做出任何决策前，必须审查分析所有的事实。准确的判断能力是施展应变能力的基础。

（二）志愿者服务的沟通技巧

志愿者能否与服务对象进行有效的语言沟通，与志愿者表达的清晰度、聆听的专注度、反馈的及时性有很大的关系。因此志愿者要提高自身的素养，训练自己的语言沟通能力。

1. 清晰准确表达

声音。与服务对象交流时，志愿者平稳、悦耳的声音能使对方心情愉快。讲话时要保持比较平稳的声调，避免将讲话的力气都集中在嗓子眼，否则过于尖锐的声调会让人觉得难以忍受，同时也不要声调太低，过于低沉的声调会让人听起来很累，不要有气无力地说话。控制好音量，太大的音量容易成为交谈中气势逼人的角色，也容易让人反感，而音量太小会使人显得不够权威，容易被人忽视。保持中等的语速，讲话过快会让人听不清楚，过慢则会让人失去耐心，最好在讲话的过程中留一些停顿，以便让人有一个反应的过程。语气要谦和亲切，在交谈中志愿者说话的口气一定要做到亲切谦和，平等待人，切忌随便教训、指责别人。

发音。在交谈中要求发音标准，读错音、念错字、口齿不清、含含糊糊都会让人听起来费劲。交谈中尽量少用方言，在公共场合交谈时，应该用标准的普通话，不能用方言、土话，这也是尊重对方的表现。同时慎用外语，无外宾在场时，交流最好慎用外语，否则会有卖弄之嫌。

用语。在沟通过程中多使用敬语“您”“您好”“请”等。多使用礼貌用语，包括：

欢迎语：见到您很高兴

问候语：您好/早上好/下午好/晚上好……

祝愿语：祝您观赛愉快……

送别语：再见/慢走……

征询语：需要我的帮助吗？/有什么可以帮到您？……

应答语：好的/是的/马上就好/很高兴能为您服务/我会尽

按照您的要求去做/这是我们应该做的/不要紧/没关系……

道歉语：对不起/很抱歉/请您谅解/这是我们工作的疏忽……

答谢语：谢谢您的夸奖/谢谢您的建议/多谢您的合作……

指路用语：请这边走/请往左边拐……

2. 主动积极聆听

积极倾听。志愿者在与服务对象交流时，要耐心地倾听对方谈话，并表示出兴趣，同时做出认同对方的“嗯”“是”之类的回应，但不打断对方的话，等到对方停止发言时，再发表自己的意见。切忌左顾右盼、心不在焉，或不时地看手表、伸懒腰等。

主动体察。要善于回应对方的感受，如果服务对象为某事特别忧愁、烦恼时，就应该先以体谅的心情说：“我理解你的心情，要是我，我也会这样。”这么一来，就会使对方感到你对他是尊重的，才能形成一种同情和信任的氛围，这样志愿者的建议和劝告才能对服务对象有效果。

3. 及时恰当的反馈

善于总结。志愿者在和服务对象谈话时，要善于简单总结对方的谈话内容，讲出对方观点及感受，表示已明白对方感受和所说话背后的含义。

有效提问。有效地提问能帮助志愿者获取更多的信息和细节。提问式提问（指提问时，给对方一个框架，让对方在可选的几个答案中进行选择）和开放式提问两种方式。在和服务对象沟通的过程中，志愿者可多用开放式提问。

换位思考。志愿者在服务过程中面对服务对象的不满和抱怨，要耐心解答，要懂得换位思考，设身处地为服务对象着想，耐心解答问题的态度也是服务对象情绪的润滑剂。

(三)志愿者工作的合作技巧

1. 志愿服务团队合作能力的素质

志愿服务往往涉及多人参与,这就要求志愿者需要有良好的团队合作精神和沟通协调能力,具体来说,应具备如下几个方面:

良好的团队精神。团队是指一种为了实现某一目标而由相互协作的个体所组成的正式群体。为了实现团队目标,团队成员必须同心协力、真诚合作,这种团结协作的精神就是团队精神。在志愿服务过程中,对于每一位志愿者来说,不仅要有个人能力,还要有在不同的位置上各尽所能、与其他成员协调合作的团队精神。只有发挥团队合作精神、互帮互助,志愿者团队才能高效有序运作,发挥最大工作效率,不断提升服务质量。

良好的协作意愿。团队力量大于个人力量,团队协作能激发团队成员的潜力。团队合作最重要的在于价值观的认同和相互信任,相同或近似的价值观会带来彼此的信任和崇敬,而信任会让我们静下心来,真诚地倾听和沟通。因此,在志愿服务过程中,志愿者之间要精诚团结、相互信任、相互帮助,形成服务合力。志愿者与服务对象之间也要坦诚相待、真诚交流,建立良好的信任关系,实现良性互动和双赢,实现志愿者的自我成长与服务对象的认同。

良好的沟通与协调能力。良好的沟通交流和组织协调能力是一个团队中每个成员必备的能力。对团队来说,成员之间有效沟通和协调可以促使团队成为一个紧密结合的有机体,更加富有生命力和战斗力。对个人而言,要想在团队中获得成功,沟通和协调是基本的要求,也是完成任务、实现团队目标的充分条件。在志愿服务过程中,志愿者之间、志愿者与服务对象之间需要积极沟通和协调,促进相互理解和信任,提高工作效率和质量。另外,在志愿服务过程中,当志愿者之间、志愿者与服务对象之间出现矛盾或冲突时,需要双方耐心细致地沟通协调,积极化解矛盾、处理冲突,保证志愿服务的正常进行。

2. 团队合作能力的培养

加强志愿者的管理和考核。在志愿服务开展前的招募和筛选期间,明确对团队合作精神和良好沟通协调能力的具体要求,在面试中重点考查志愿者的团队协作能力。在对志愿者进行岗前培训时,注重团队建设与团队合作能力的培养。另外,在志愿服务过程中,根据志愿者特点合理分配志愿工作,并对志愿服务过程进行有效督导,及时淘汰不合格的团队成员。服务结束后,对在团队合作方面表现突出的优秀志愿者进行表彰奖励,保持其工作热情。

开展团队素质拓展训练。团队素质拓展训练是一种以提高心理素质为主要目的、以体验式培训为主要方式、兼具体能和实践的综合素质教育活动。团队素质拓展训练通过精心设置的一系列新颖、刺激的情景和游戏活动，让受训成员主动去体会、解决问题，在参与体验的过程中，让他们的心理受到挑战，思想得到启发，团体凝聚力得到增强。通过组织志愿者开展团队素质拓展训练，有利于激发志愿者们的潜力，增强志愿者的活力、创造力和团结协作精神，营造“团结、包容、尊重、合作”的志愿服务文化氛围。

创新管理模式与完善工作制度。一是创新志愿者管理模式。打破传统的志愿者管理组织架构，实现扁平化和网络化管理，激发志愿者工作积极性和服务热情。二是加强志愿者团队的标准化建设和文化建设。对志愿者进行 VI（形象识别）、BI（行为识别）、MI（理念识别）设计，塑造志愿者团队整体形象，建立志愿者团队知名度和美誉度，增强团队吸引力。三是完善志愿者管理制度。完善志愿者例会制度、学习制度、考勤制度、活动制度等，促进志愿服务的制度化和规范化。另外，还要加强志愿者骨干队伍建设，通过志愿者领袖训练营、精英训练营等方式，培育一支以资深志愿者为主体的骨干队伍。

【田野躬耕】

“12·5 国际志愿者日”

1985 年，第四十届联合国大会通过决议，从 1986 年起，每年的 12 月 5 日为“国际促进经济和社会发展志愿人员日”（简称“国际志愿人员日”），其目的是敦促各国政府通过庆祝活动唤起更多的人以志愿者的身份从事社会发展和经济建设事业。

志愿活动伴我行

一、活动地点

孤儿院或养老院。

二、活动人员

教师及全班学生。

三、活动实施

（1）在班级里组织主题为“志愿活动伴我行”的志愿者活动，以小组为单位选择当地的孤儿院、养老院等作为活动目的地，感受志愿服务对于社会的重要作用。

（2）参与活动的过程用相机全程记录。

（3）小组内分享讨论，之后派小组代表以 PPT 的形式向全班同学展示此次活动的收获和体会。

四、学习效果评价

(1)完成主题实践活动之后，通过小组会议的形式进行总结与思考。具体方式可采取以小组为单位撰写主题学习自评总结，提交PPT演示文稿，并推选代表在总评会上讲解，其他小组进行相互点评，最后由教师进行总结评价。

班级		姓名	
学号		小组成员	
实践项目	社会实践：志愿活动伴我行		
结果分析			
自我评价	优秀□　合格□　不合格□		
教师评价	优秀□　合格□　不合格□ 教师签名：＿＿＿＿年＿＿＿月＿＿＿日		

(2)学习过程评价。

学习过程评价表

序号	考核内容	配分	评分要素	自评	互评	师评
1	小组准备	10	小组分工明确，能够对学习任务内容及实施步骤进行精心准备			
2	知识运用	30	能够熟练、准确地运用所学知识完成主题实践任务			
3	成果展示与任务报告	20	成果展示内容充实、语言规范，主题实践活动报告结构完整、观点正确			
4	学习态度与课堂纪律	15	学习积极主动、态度认真，遵守教学秩序			
5	自主学习与动手能力	10	对知识的理解把握，具有自学意识与较强的动手能力			
6	团队配合	15	团队意识、分工合作、问题解决、团队纪律			
7	总分统计	100				
8	综合评价					

课后练习

1. 志愿服务精神包括(　　)、(　　)、(　　)、(　　)。

2. “三下乡”即(　　)方面的内容只是在农村普及。

3. 1997 年,(　　)活动在全国正式开展。

4. “三下乡”主要内容包括(　　)、(　　)、(　　)、(　　)、(　　)。

5. “三下乡”实践形式分为(　　)、(　　)、(　　)、(　　)、(　　)。

6. 志愿者服务原则包括(　　)、(　　)、(　　)、(　　)、(　　)、(　　)、(　　)。

7. 在志愿者从事志愿者服务工作时,必须掌握一些通用的工作技巧,如(　　)、(　　)、(　　)等。

8. 国际志愿者日是(　　)。

9. 志愿者具有(　　)、(　　)、(　　)、(　　)四大特性。

10. 志愿者工作的合作技巧主要有(　　)、(　　)、(　　)。

参考文献

[1] 黄怀信. 大戴礼记译注[M]. 上海:上海古籍出版社,2019.

[2] 张之恒. 中国考古通论[M]. 南京:南京大学出版社,2009.

[3] 张朋川. 黄土上下——美术考古文萃[M]. 上海:上海三联书店,2020.

[4] 薄松年,等. 中国美术史教程[M]. 西安:陕西人民美术出版社,2008.

[5] 李春. 西方美术史教程[M]. 西安:陕西人民美术出版社,2008.

[6] 彭吉象. 艺术学概论[M]. 北京:北京大学出版社,2019.

[7] 何怀宏. 选举与社会[M]. 北京:北京大学出版社,2011.

[8] 中共中央马克思恩格斯列宁斯大林著作编译局编译. 马克思恩格斯选集[M]. 北京:人民出版社,2021.

[9] 杨伯峻. 春秋左传注[M]. 北京:中华书局,2016.

[10] 何怀宏. 世袭社会:西周至春秋社会形态研究[M]. 北京:北京大学出版社,2017.

[11] 朱熹. 四书章句集注:论语章句[M]. 北京:中华书局,2011.